Masaya Yamamoto 山本昌哉——著
婁美蓮——譯

最強「人心」操控心理學

智商前2%的天才都在使用
「OK」「YES」點頭率超高

トップ2%の天才が使っている「人を操る」最強の心理術

1個
大腦開關
▼
3個
識人心法
▼
27個
實務技巧

讓你知心達意、
人人相挺、業績達成！

方舟文化

第三章

以互信為前題，操控人心的三大基本原則

Believe裡面始終藏著lie，換位思考，建立互信

第四章

引導對方說出「YES」的11個簡報&行銷技巧

放鉤—施餌—釣大魚：以「同理心」共創互惠雙贏

目錄 Contents

第五章

讓對方照你心意行動的9個人際高招

從「沒人理」變成「人人挺」：想往上爬，有時自己得先當墊背

第六章

讓自己「變能幹」的7個心理素質&良好習慣

一邊虛張聲勢，也要一邊練功！打造自己的真實力

〔前言〕

「那些高IQ的人根本不是人，是神吧～好羨慕他們呦」……我輸定了嗎？

「高智商」不等於成功，「高智能」才是贏家！

本書為全球智商前2％的天才都在使用的最強「人心」操控術，想當然，這必定是職場和人際間極為厲害的生存武器。話說「智商前2％的天才」到底是何許人也？他們在工作、社交的成功率，是否真的比一般人來得高呢？

智能商數位居全世界前2％的人，其實是一種相對的比值：假設多數人的IQ平均值是100，而IQ超過130的人，大約只佔全世界人口的2％，這些人就是一般所稱的「天才」。這群人通常知識豐富，反應快速，具有某些思維特質，以至於在IQ上明顯勝出。

讓許多人覺得神秘、好奇的門薩學會（MENSA），正是一群來自世界各地的「高智商者」所組成的國際同好組織，經過測試智商在前2%的人，才能加入門薩學會，參與專屬會員的各項活動與會議。我在二〇一四年參加了它的入會考試，並且一次就及格。

我的IQ有150，是日本門薩會員中獨一無二的心理學專家。身為一名心理戰略顧問，我主要的工作就是應用心理學的知識與技巧，提供個人和企業諮詢服務及舉辦研習活動。

迄今，我已協助50間以上的公司完成教育訓練及市場評估，也曾對1000人次以上的聽眾演講，傳授有助於工作表現或人際關係的專門技巧。

藉由活用心理學，企業不需導入高價的系統，便可提高團隊的向心力和生產力高達30%，不僅產品能賣得更好，公司業績更穩定；對於個人而言，在溝通能力或業務技巧上，也都會有顯著的效益。

以《被討厭的勇氣》（岸見一郎、古賀史健著）一書而家喻戶曉的阿德勒心理學主張說：「所有的煩惱，都是人際關係的煩惱。」如果一切煩惱，都是因為人際關係而起的話，那麼，憑靠著化解人際困擾的「心理學」技巧，應該就能把問題都解決才是。

然而，**光擁有心理學的「知識」，並無法根本解決問題，還得要具有「應用知識的智慧」**才行。所以，「高智商」與「天才」並不能直接劃上等號。

歷史上被稱為「天才」的人，大都是能結合「豐富的知識」與「應用知識的智慧」，進而創造出偉大成果的人。**應用知識的智慧，也就是所謂的「智能」**。擁有高智商，並不代表也擁有高智能，高智能比高智商更勝一籌！

高智能需要「大腦」與「心理」做絕佳的配合，這種技巧是經由後天學習而來的，只要有心想學，即使智商一般的人，也可以透過正確的技巧和練習而擁有高智能。這正是每個人突破先天限制，就此翻身、成功的契機！

要掌握人心、成就事業、美滿感情，都需具備高智能。這樣不管對手是誰，都會照著你的心意行動，再大困難都能順利解決。

本書目標

為了讓讀者擁有人生「最強的武器」，成為能夠操縱人心、提升人生與事業的天才，作者公開隱藏於2％天才、企業、鉅富等高端人士經常在使用的「理性腦」與「心理學」技巧，加上作者多年來工作與私領域的實務經驗，和讀者分享最精闢的眉角與祕訣。

要掌握人心，最大的關鍵就在於利用「理性腦」來控制「感情腦」。但困難之處是：人是感情的動物，**大腦很容易受感覺、情緒的支配，導致理性層面常受到壓抑與干擾，很多失敗皆起因於此**。在我們想要運用好不容易得到的知識和資訊時，情感和情緒總會出來攪局，一旦我們「順其自然」受情緒左右時，不管再好的知識，再高的智商，都無法發揮最大的功用。所以，唯有逆轉這種大腦的「情關」，你的人生才有機會進入贏家模式！

我們不但要學習「**操控對方的方法**」——**對外的心理技巧，更要學習「操控自**

己的方法」——對內的心理技巧。

在教導如何對外使用心理學技巧的同時，本書也提出改造自我、使自己變得更有實力的方法，如此才能獲得他人長久的信賴。若只是一味使用心理技巧且方法不純熟，淪為吹噓或欺騙，最終總會遭人識穿。

「心理學」是巧技，不是詭計。讓我們一起正向的來使用它吧！

內容架構

本書首先為讀者釐清「智商」與「智能」的差別，剖析大腦「情感」與「理性」互相制約的關係，並提出「開啟理性腦」的方法，另外以豐富的實務案例為佐證。書中除了提倡練就理性腦為思考主導，另一方面也提出同理他人、強化自我正念的方法。唯有兼顧理性腦與感情腦的平衡，才是心理學最終的期盼！

PART❶：搞懂「智商VS智能」

＊什麼是「MENSA門薩高智商學會」？

＊全球「前2%的天才」是何方神聖？

〔第一章〕介紹充滿神祕色彩的MENSA，帶你**分辨「高IQ」和「天才」的差別**，進一步了解操控人心的智能關鍵。

〔第二章〕認清大腦是何等的情緒化，**學習「不感情用事」的方法**，探究「冷血無情模式」為何較易成功，設法找到自己的「理性腦開關」。

PART❷：最強「通心＋話術」

＊操控人心的百勝原則與技巧

＊工作、人際、感情應用實例

〔第三章〕「互信」為人際基石，先做好這一步，才能進入心理學的核心。「操控人心的3大基本原則」包括：鎖定一致性、預測反應、雙重說服。

〔第四章〕談判、簡報、業務皆通用「**引導對方說出YES的11個簡報&行銷**

技巧」，切記要從「內側」切入，務求「貼心」溝通，所有心理戰略與聰明話術都要因時、因人、因地制宜。

〔第五章〕涵蓋所有人際關係**「讓對方照你心意行動的9個人際高招」**，包括上司與部屬、同事之間、對談戀愛也有幫助的6：4魔法、差別對待、以退為進、自曝弱點等收攏人心、人人挺你的絕妙技巧，一次學齊，隨時都能派上用場。

PART ❸：打造「贏家模式」

＊讓自己更正向、更能幹、更敢衝

＊不再一戳就破，整合IQ＋EQ＋AQ完備的高智能

〔第六章〕自我認定，決定人生。除了依靠心理學技巧對外征服，本章更提出「7個重要的心理素質&良好習慣」，教你如何養成正念思維，提高自我設定值，在人生的長線上，永保工作、人際、財富與感情的增值曲線！

想成為操控人心的高手，做事順風順水，**除了對於本書各章觀念融會貫通，一定要精讀第三章「操控人心的3大基本原則」，將它爛熟於心。**如果能做到這點，不僅是本書談到的心理技巧，就連其他心理學書籍所述及的任何技巧，你也都能運用自如，無往不利。

那好，就讓我們開始吧！

第一章

快速點頭說OK！「內控」和「外攻」同步進行

很多人都想問：「智商高的人真的比較聰明，比較容易成功嗎？」「智商是天生遺傳的嗎？」智商（IQ）指的是一個人對於知識的掌握度，反映出觀察力、記憶力、思維力、想像力、創造力、分析力等，這些加總起來，其實並不等於「解決問題」的能力，也並非成功的保證。我們生活在人際的社會，除了應用知識，同時還要應對人際間的「情感面」，如何兼顧理性與感情，將知識正確的活用，才是成功的真正關鍵，這也是本書所強調的「智能」。雖然高智商的門檻對一般人來說並不容易，但不用懊惱，**「智能」是可以透過「理性訓練」與「心理學技巧」而大幅增進的，你大有機會超越高智商者，成為更成功的天才！**

天才集團MENSA（門薩）是怎樣的組織？

前言曾經提到，我是智商前2%的高IQ者所組成的MENSA集團會員。大腦科學家茂木健一郎先生，以及益智節目的固定班底——搞笑團體「ROZAN」的成員宇治原史規先生，也都是MENSA的會員。因為他們活躍於大眾媒體前，使得MENSA的曝光率大增，很多人因此對「MENSA（門薩）」這個名字略有耳聞。

MENSA的拉丁語有「圓桌」的意思，代表著入會的會員不分人種、宗教、膚色、性別、國籍、年齡、政治思想等，皆平起平坐於圓桌前互相交流。門薩的會員來自世界各地，唯一的共通點就是：必須經過智力測驗且高標通過才能加入。

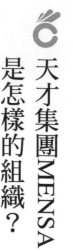

全球最頂尖的知識菁英團體

門薩在一九四六年創立於英國牛津，是一個十分特別的社交團體，無論會員的職業和身分背景，追求完全的自由集會，前提是「智商居於世界前2%的人」才能加入，經過智力測驗，篩選出的高智商菁英一起參與社交、藝文、腦力激盪等活動，不僅能豐富彼此的生命，共同目的還包括以下三項：

目的①：**推動智力的鑑定與陶冶，以增進人類的福祉。**

目的②：**提升智力的本質、特性與運用等方面之研究風氣。**

目的③：**促進會員之間智力與人際的良好互動。**

以最終目標來說，門薩成立的宗旨在於**「鼓勵眾人活用IQ，集群體之力讓世界變得更好」**。

目前，門薩的會員遍及世界上百個國家，會員人數大約14萬人，並陸續增加中，年齡從4歲到94歲都有，其中幾位年齡極小的孩童，智商竟比愛因斯坦還高呢！

日本的門薩會員約有3500人，有IT產業的程式設計師、外商保險公司的營業員、創業者、大學教授、醫生、股市當沖客、音樂家、翻譯家、魔術師等，會員分布於各行各業之中，而我是其中唯一的心理學戰略顧問。

入會考試，一輩子只能參加3次

門薩學會認為IQ是先天的，是上天賦予的，入會考試參加太多次並沒有意義，所以，規定一個人一輩子頂

誰創立了門薩!?

你一定在猜，創立門薩的人肯定也是聰明人吧？沒錯，門薩的創立者有兩位，1946年由**律師**Roland Berrill及**律師兼科學家**Lancelot Ware在英國牛津共同創立，最初的想法是：「我們來辦一個由聰明人組成的學會吧！」發展至今，門薩已在全球智商組織中獨占鰲頭，位居領導地位。

多只能考3次。

在限定的3次測驗內，一旦通過他們的資格考試，便能順理成章成為門薩的會員，參加只開放給會員的專屬活動，閱讀會報期刊，並與全世界的會員進行交流。

所有會員的感情都很緊密，只要有國外的會員來到日本，日本的會員一定義無反顧地當起義務導遊。當然，日本的會員去到國外，當地會員也會熱情接待。

在門薩舉辦的活動中，從外面聘請著名講師的講座總是人氣爆棚，一下子就滿座了，有些甚至要搶先幾個月前預約。

一起結伴旅行，一起挑戰密室脫逃遊戲，會員的感情都十分融洽，也經常相約聚餐，有時吃到一半，就有人拿出棋盤來，一邊喝酒一邊下起了將棋。基本上，大家都是喜歡動腦之人。

附帶一提，門薩的入會考試，可以透過各國的門薩官網（例如：日本https://mensa.jp、台灣https://www.mensa.tw）在線上進行考情的瞭解和報名。日本一年會舉辦幾次考試，北海道、東京、神奈川、愛知、京都、大阪、兵庫、福岡等地都能做測驗，只是每次的報考人數都有所限制就是了。

最近，希望入會的人越來越多，因此報考人數很快就額滿了。像我朋友就曾抱怨說：「我也想參加考試呀，可是就是報不上名。」由此趨勢可知，希望了解自己的智商，對於自己的智商懷抱信心的人越來越多了。

台灣也有門薩學會

台灣門薩Mensa Taiwan官網為https://www.mensa.tw ，網站會公告考試日期，報名必須具備的條件大致如下：

❶ 必須**年滿20歲**

❷ 需攜帶**中華民國國民身分證**或**護照**辦理報到

❸ 首次測驗若未通過，必須**隔6個月才能報名第2次考試**

❹ 台灣門薩學會**終身報考次數為2次**

※以上相關規定皆以即時官方公告為主

IQ高的人比較容易成功嗎？

門薩的入會考試是不對外公開的，但想必大家都十分好奇考題究竟長什麼樣子？這裡就來舉一個智力測驗的經典例題，供大家試做看看：

題目「L↓W↓U↓？↓D↓B」，依序中間的「？」應該填入那個英文字母呢？

各位，能馬上回答出來嗎？

答案 是「O」。

解析 先把所有字母變成小寫，然後上下顛倒過來，便成為「l↓m↓n↓?↓p↓q」，接著，按照英文字母的順序研判，「？」中應填入的字母是「O」。

門薩就是用類似這樣的問題來測試你的IQ，照這樣來看，這種智力測驗到底在測什麼，又是如何定義的呢？

IQ被翻譯為「智能商數」，學術上的測定方法和定義可說是五花八門，所以一旦問：「IQ到底是什麼？」其實大家都不是很了解。

或許你會認為，日本門薩的會員，都是東京大學或慶應義塾大學這類智商突出的一流名校畢業生吧？然而，事實並非如此。

大腦拼的是邏輯還是速度

分析現有的智力測驗考題，我得到的感想是：**大部分的智力測驗，在測試的是「大腦的處理速度」以及「處理範圍的大小」**。

在我的想像中，它就好比電腦的「ＣＰＵ性能」（攸關電腦的處理速度）以及「記憶體容量」（一次能處理多少檔案資料）。

就像剛才的考古題，大家的腦袋裡應該都先想到某個公式，然後試著代換進去，反覆測試，最終找到完全符合的公式，套入後解出答案，對吧？越快找出相符公式的人，代表他的大腦處理速度越快，處理範圍越大，越能毫無阻礙地思考。

類似前面所舉出的問題，門薩會員通常馬上就可以回答出來，因為他們善於靈活運用大腦的CPU和記憶體，很快就能想到各種模組公式的能力很強，並且比普通人更快的在心裡進行試算。

智力測驗的得分是你的「原礦」

從結論上來說，**IQ高並不等於天才。**

我和朋友共進午餐時，總聽他們說：「山本，你IQ這麼高，應該到哪兒都很吃得開吧？」

我在想，朋友話中的意思似乎是：「IQ高的人想幹嘛就幹嘛，凡事可謂無往不利吧！」

這讓我不禁認真思索：「透過智力測驗，測到的IQ到底具有什麼意義？」

智力測驗（IQ TEST）測得的，其實就只是某人的IQ分數，至於利用這些IQ能產出什麼效果，則是測不出來的。

確實有人利用高IQ而活躍於全世界，但閒賦在家、無所事事的人IQ也未必差。

換句話說，透過智力測驗，你可以知道自己的IQ有多少，但這也只是告訴你「你具有這些智力」而已，最重要的是：你有好好運用它嗎？

「天賦才能」與「磨練才能」缺一不可

智商只能算是鑽石的「原礦」，擁有高智商，並不代表你就是天才。

運動神經或藝術天分也算是鑽石的原礦，鑽石的原礦有好多種，而高智商的人，擁有的也只是其中一種：高IQ。

沒有人擁有的原礦是相同的。**只有將你的原礦打磨了，讓天賦的才能開花了，才有可能成為某個領域的天才或佼佼者。**

舉個例子來說，就算運動神經再好，沒有拼命練習，想辦法提升自己的能力，突破訓練或比賽時不同場地、氣候、競爭對手等條件的變化，恐怕永遠也進不了奧運的殿堂。不管你身懷怎樣的原礦，若不加以琢磨，也只是暴殄天物而已。

同理，IQ高的人若不喜歡動腦、鍛鍊自己的應用

智力測驗Q&A

❶ 智力測驗有分**成人版、兒童版**

❷ 試題類型會依學業性向或招募員工**不同訴求而調整**

❸ 同一測驗單位會備有**多種版本的試題**

❹ 智力分數是**與同年齡的人做比較**

❺ 一般人**智商平均值定義為100**

❻ ±15%即**智商85~115視為一般常見**

能力，那結果也有可能輸給「IQ一般，卻做足練習與準備」的人。

「高IQ」等同於「高學歷」嗎？在我看來，這樣的想法也已經落伍了。

的確，高IQ或高學歷是很了不起的資產，但懂得如何利用它，讓它產生更棒的東西，這點更為重要。

低學歷或IQ一般的人，也有可能和高學歷、高IQ的人達到同樣的成就，甚至成就更高。這類情況在職場、學界、情場，你我身邊比比皆是，可見學歷或IQ並不是人生絕對的保證。

但話又說回來了，這並不是說IQ完全沒有意義，而是一定要懂得「靈活運用」IQ才行！

「天才是一分的天分，加上九十九分的努力。」

誠如愛迪生所說，事實上，不管是**「天賦的才能」或是「磨練才能的努力」都很重要，兩者缺一不可。**

IQ越高，越懂得操縱人心？

每當我跟IQ普遍很高的門薩會員聊天時，總覺得他們的邏輯思考能力都很好，腦筋也轉得很快，很多人都擁有所謂「聰明者」的特徵。

然而，具有這個特徵就能夠操縱人心嗎？那也未必。

門薩的會員，各個都是操縱人心的高手嗎？事實並非如此。

用「情」包裝，把「理」送達對方心坎

聰明的人因為知識豐富，當他想讓別人照著自己心意行動的時候，總會列出一堆理由，說明為什麼非如此不可，企圖用「道理」說服對方。

這種時候，就算你說得再對，對方也可能不為所動，而且周遭的人也會覺得你很囉唆，有時你甚至會因此被人討厭。

舉個例子，比如說像這種情況：

「困難的工作不要留到最後才做。為什麼呢？因為人的自制力在早上最好，一整天下來，自制力會越來越差。因此，把困難的工作留到最後才做，結果就是你根本不會去做……」

像這樣，就算你說得頭頭是道，最終也只是換來一句：

「是哦。我也曉得這樣不好，可是我就是做不到。」

你說得「很有道理」，但你卻忘了操縱人心時很重要的一點，那就是**人很容易受到「感情」的支配**。

人沒辦法永遠理性思考並採取行動。明明在減肥卻忍不住吃了甜點，工作期間卻忍不住看著手機，這些都是不理性、出於感情的行為。

說之以「理」，也要動之以「情」，必須雙管齊下。

與其告訴對方「為什麼不應該吃甜食」、「為什麼不應該看手機」的理由，倒不如從感情面著手，化解「想要吃甜食的心情」、「想要看手機的衝動」會比較有用。

正因為理智、感情之間有著落差，**「知道」不一定能「做到」**，你的勸說才會失敗。所以，光是IQ高並不足以操縱人心。弄不好還會適得其反，造成反效果。

很多人在洽商或有求於人時，經常會遇到這種情況，對方心裡這麼想：「要簽約？要我幫忙？……那要先看我爽不爽。」「爽不爽」就是人很直接的情感反應，人與人之間一定要先有信賴或好感，如果彼此一開始並沒有建立情感，那麼道理再多、商品再好都沒有用。

攻「情」達「理」

別急著端出商品，**要先打動對方的心**，讓對方卸下心防，才會考慮聽聽看你的提議。

比較智商，不如巧用「心理學」

如果說高智商的人未必能操縱人心，那麼，腦袋好反而沒用，是一種困擾，只要學會打動對方情感的技巧，就能操縱人心，是這個意思嗎？

不，在我看來，多去吸收了解操縱人心的技巧，累積知識；和練習如何打動人心，將學得的知識適當應用和行銷，讓對方願意點頭認可，這兩件事情是成功的一體兩面，兩者缺一不可。

就像前面所講的，光是頭腦好並不足以操縱人心，只學會**「操縱人心的技巧（知識）」**卻不知道如何應用，缺乏**「因時、因人、因地制宜的智慧（智能）」**，

智能VS智商

「智商」之中較多的內涵是知識；「智能」則是靈活操作知識的能力。以本書來說：

＊**智商** →指的是「**操縱人心的技巧**」這些知識

＊**智能** → 將「操縱人心的技巧」這些知識，**因時、因人、因地靈活應用**達成目標的能力

那也只是暴殄天物而已。

有人以為心理技巧是萬靈丹，任何時候都可以派上用場，這誤會可大了。

就像「哈利波特」系列裡，魔法學校的學生要使用魔法前，必得經過一番學習和訓練。**在應用心理技巧時，也需多加揣摩、練習，才能幫智商大大加分。**

鏡像模仿：拉攏關係的快捷鍵

有一種心理技巧（參考P.174）叫做**「鏡像模仿」（mirroring），藉由做出和他人相似的行為，建立彼此的信任感。**聯誼的場合，我經常見到男生使出這一招，但我有自信，能比他們更快幾倍贏得初見面女生的信任。

為什麼呢？因為我不但了解鏡像模仿的原理，更能想出高明的使用方法，讓它徹底發揮效用。

正所謂人際間「同質相吸」，鏡像模仿根據的人性心理法則是：有共同特點的人，會在無意識的情況下互相產生好感。因此，**只要不經意地讓對方感覺到你與他有相似之處，那就很容易建立起彼此的信賴感。**

然而，**這一招必須「不經意地」使出來**，不能太著痕跡。但是，若運用手法不成熟，真要等到對方察覺到：「或許我跟他合得來。」恐怕得花費不少時間，繞一大圈吧？

我採取的快速策略是**「先找出彼此的共同點」**，觀察對方的興趣或喜好是否有與我相同的？然後**再把「我也是！」的言語或行動，直接投射到對方的意識裡，讓對方感覺到**就行了。

就好像工作上會用到的試算表軟體EXCEL，被認為聰明、頭腦好的人，總是能破解其中的各項功能，像是使用「快捷鍵」之

「人際好感」速成法

＊步驟 ❶ → 找出彼此**「共同點」**，製造關係的連結

＊步驟 ❷ → 說出或做出**「我也是」**的言行，讓對方感覺到

類的密技或小招來製作表格。這些技巧，並不是長期使用EXCEL就能學會，而必須特別用心去揣摩使用方法的細節，才能有所領悟。

不光是心理學，**任何知識並不是知道的越多就越好。要懂得如何去巧用它，擁有活用的智能，才能發揮最大的功效。**

「高超的智能」與**「廣博的學識」**雙管齊下、雙璧合一，何愁高品質的產能或創新的點子不手到擒來呢。

|本|章|重|點|整|理|

・Note 1・
高智能鍛鍊筆記

・大部分智力測驗測得的結果是「大腦的處理速度」及「處理範圍的大小」。

・IQ高並不等於天才，它只是告訴你：「你擁有這些智力」而已。

・「與生俱來的才能」和「磨練才能的努力」兩者同樣重要，尤其後者是成功的關鍵。

・任何知識並不是知道的越多就越好，要懂得如何去使用它。擁有活用知識的智能，才能發揮最佳的效果。

第二章

別讓情緒來壞事
打造「理性腦」優先模式

人類擁有保護自己的本能，當察覺肉體快要受傷時，自我防衛機制就會啟動。同樣的，**心靈也有自我防衛的本能**，當自尊心、自我價值快要受傷時，我們也會為了守護它而有所反應。這個時候，大腦就很容易受到憤怒、悲傷、恐懼等情緒所支配，無法理性思考，因而也無法做出合理的判斷與行動。「保持冷靜」是需要技巧的，多觀察叱吒商場的強人、訂單接不完的超級業務、人緣和情場順遂的人氣王，他們的成功都在於懂得**適時啟動自己的「理性腦」，在重要時刻，抑制感情腦的過度活動和干擾，避免情緒失控與偏執。**唯有保持冷靜、理性，才能把事情的結果導向有利的方向來發展。

為何大腦總受「感情」支配

人很容易感情用事，這點和智能或IQ無關，乃大腦功能天生如此。

人類的腦分成「理性腦」和「感情腦」。基本上，大腦在運作的時候必須兩者取得平衡，才能發揮應有的功能。

舉例來說，如果把整個大腦視為１００％的話，當我們「情緒上來」的時候，感情腦的活動就會特別活潑，通常占了大腦工作量的90％，而剩下的10％才供理性腦活動。陷入這種情緒化的時候，平常原本能50％理性思考的腦功能，由於此刻理性腦分到的比例明顯不足，被感情壓縮到只剩10％，因此，就算花同樣的時間和精神工作、思考，也做不到像平常那樣有條有理。

情緒風暴：最危險的心理氣象

當工作出了差錯而心煩意亂的時候，也就是「情緒化」的狀態下，就算平常不會犯錯的地方，此時也就變得很容易犯錯，形成雪上加霜的惡性循環。其實，那並不是你想要加快工作速度，所謂的「忙中有錯」造成的，而是因為你的理性腦受到感情壓抑和情緒影響所致。

當然，我也會犯錯，也會動怒，碰到麻煩、棘手的事，也會很焦慮。不過，因為我了解人類大腦的運作特性，當我**發現自己焦慮的時候，就會「深呼吸」，反覆進行幾次，直到自己的情緒平靜下來。**

不管你擁有多高的智商、多麼豐富的學識，一旦受到

吐納平靜術

呼吸有深、淺之別。人體的常態性都是在淺呼吸，長久下來容易大腦缺氧、感覺疲憊和生病。**每天適時做幾次「深呼吸」**，也就是「養生吐納術」，能幫助減壓、穩定神經和血壓，除了有益身體健康，也能使我們恢復冷靜、理性的思緒。

情感的挾制和攪亂，這些都發揮不出來。受感情所苦，走不出死胡同，或因小事而訴諸暴力的人，都是因為感情腦太過活絡，而大大壓抑了理性腦的運作。

一個人若淪陷在情緒風暴中，不只無法成功，甚至還可能招致許多損失。保持「平靜」是成功的前奏，來學一招簡單又有效的「平心靜氣吐納法」吧，遇到不如你意的事情或重大責任時，**先深呼吸，再緩緩吐氣，反覆做幾次**。很快的你就會感覺放鬆下來，恢復理性的頭腦了。

8 「情緒」是智能與IQ的天敵

要掌控人心，首要之務不在急著「掌控對方」，而是要先「掌控自己」。

說到掌控好自己，練就不受情感左右的**「冷血無情腦」**不失為一個好方法。

「冷血無情」這字眼聽起來很驚悚，但並不是要你成為像電影《人魔》

（Hannibal）裡的漢尼拔醫生那樣的變態殺人犯，也不是要你說謊臉不紅、氣不喘，或是背地裡捅人一刀什麼的，而是要你**有意識地抑制情感和情緒的爆發，確保大腦理性活動的區塊不被壓縮，讓大腦能理智地做出合理的判斷。**

換句話說，就是要練習以「理性腦的運作為第一優先」的意思。

在跟門薩學會的其他會員聊天時，他們經常問我：「要怎樣練就冷血無情腦？」或者納悶的問：「什麼是冷血無情腦？」

感情這東西，猴子有，人類也有，但說到猴子與人類的差別，就在於人的理性腦要遠比猴子強大許多，所以，能做出更符合邏輯的判斷。

至於擁有「冷血無情腦」有什麼好處？好處就在於你能「不感情用事」，在重要時刻做出理性、客觀的判斷。

對於想要徹底活用IQ，並做出合理判斷的門薩會員而言，經常會意識到這樣一件事情：在做事或洽商的時候，「感情」有時免不了會是一種阻礙或是困擾，因而必須「刻意」調整情緒，以增強理智腦的運作。

但是，沒有接受過訓練的一般人，比較不會意識到這個問題的存在，因此經常受到自己情緒的挾持，很多時候都沒有用理性去判斷，因而作出不利的決定，或因此失去重要的人脈。

事實上，有數據顯示：**優秀的經營者，大多擁有冷血無情的特質（理性腦很強）**。他們能戰勝內心的恐懼，勇於向新事物挑戰，就算陷入困境，也能冷靜地面對，做出合理的決策。

所以說，「冷血無情腦」對於想要成功的人而言，實為必要學習的能力。

滅「火」的技巧

生氣、緊張、焦慮都是失敗的前奏，一旦讓情緒點起火苗，很快就會變得難以收拾。因此，**遇到不如意的事要立刻對自己說：「不要生氣、不值得生氣」**，壓制住情緒的火苗，**然後再問自己：「為什麼？」**啟動理性腦去思考原因和對策。

進入「冷血無情模式」3個步驟＋2種訓練

如何練就能控制自己情緒，保持平靜的冷血無情腦呢？祕訣如下：

進入「冷血無情」的3個步驟

步驟①：問自己「為什麼」？

步驟②：改寫「情緒」

步驟③：定義「自尊」

實行「冷血無情」的2種訓練

訓練①：將「喜歡」用「言語」表達出來

訓練②：養成「正念思考」（Mindfulness）的習慣

這些步驟與訓練方法，在後續內容會做詳細說明。

再次重申，「理智」和「情感」是需要平衡的，不能因為想訓練自己的理性，就一直過度的壓抑感情區。若是24小時全年無休地保持冷血無情，一直處於不受感情左右的狀態下，日常生活中的一些小幸福，應該也都感受不到了吧？

因為沒辦法再擁有相同的感動，說不定連朋友都會離你而去。

因此，**只有在需要的時候，再把大腦切換到「冷血無情模式」就可以了**。這個技巧，我把它叫做**「啟動冷血無情開關」**。

那麼，就讓我們來看看要怎樣啟動這個開關吧！

打造理性腦的方法①

啟動「冷血無情」開關

要怎樣才能啟動冷血無情的開關，進入理性占優勢的冷血無情模式呢？

所謂的「冷血無情腦」，指的是能抑制感情腦的活動，以理性思考為基礎，做出合理判斷的大腦。要達到這個狀態，就必須讓理性腦的運作比較活潑才行。

換句話說，把「理性腦的開關」按下去就行了。

學會啟動理性腦，在需要理性思考的時候，就不會再受到感情的牽制而不知所措、任性妄為，影響了自己的判斷。唯有使**自己的情緒受控，個人的智商才能得到最大的發揮。**

人類的大腦還有一個特點：**腦功能分成「理性」（符合邏輯的判斷）和「感性」（出於感情的判斷），兩者無法同時運作，彼消我長，彼長則我消。**當我們心煩意亂的時候，便無法冷靜的判斷，就算再輕鬆容易的點子也想不出來，就是這個原因。

根據美國俄亥俄州的凱斯西儲大學（Case Western Reserve University，簡稱CWRU）研究調查顯示：掌管共感能力（或稱「同理心」）的大腦區塊也是感情腦，當感情腦的活動越活潑時，掌管分析能力的大腦理智區塊就會受到壓抑。相反的，當分析能力越活躍時，共感能力這部分的活動則會越弱化。

現實生活中，若我們能維持理性腦的活潑運作，就能避免感情腦過度活躍，也就比較能保持冷靜、不情緒化，凡事都能與對方「平心靜氣的好好談話」，不至於發生吵架、不歡而散的情況。

大部分人的大腦活動，都是「感情」比較強勢，所以要啟動理性腦就有困難，這時有3個簡單的方法可以解決這個問題，分別是「問自己『為什麼？』」、「改寫情緒」和「定義自尊」。

問自己「為什麼？」：想「原因」不要想「感覺」

當我們感覺到自己即將感情用事、情緒要上來的時候，不妨先問自己「為什麼？」**這種類似「潑冷水」的效果，可讓感情腦「迅速退燒」，而理性腦接收到詢問指令，便會開始運作。**

比方說，工作上發生失誤，客戶對你發火的時候，如果以「不同的腦區功能」來當主帥面對問題，也就會產生「不同的結果」：

〔情況〕A：任由情緒起伏，未啟動理性腦

客戶：「你是怎麼搞的？出貨的數量根本不夠！」

你：「對不起！（很著急，怎麼辦？怎麼辦？怎麼辦？）」

客戶：「我不需要你的道歉！」

你：「對、對不起……可否先請您把貨退回來……（心裡亂成一團，這損失要算誰的？怎麼辦……怎麼辦……）」

碰到這種情況，很多人的腦袋是打結的，根本不知道要如何與客戶溝通。

不過，你倒是可以試試以下的方法，先問自己「為什麼？」這樣會比較容易做出合理的判斷。

〈情況〉B：即時啟動理性腦，問自己「為什麼」

客戶：「你是怎麼搞的？出貨的數量根本不夠！」

你：「對不起！（心裡問自己：為什麼對方會這麼生氣呢？難不成他有什麼急

迫性？）」

客戶：「我不需要你的道歉！」

你：「請問一下，目前交貨的數量還可以應付幾天？」

※因為你的理性提問，這時對方的理性腦也被你啟動了↓對方高漲的情緒逐漸消退，轉為理性思考。

客戶：「嗯，大概可以應付個兩天吧。」

你：「（心裡明白了情況，難怪他會這麼著急）那好，這兩天您就先賣這些，我一定在兩天之內把不足的數量補齊。」

客戶：「好吧，也只能這樣了……。拜託你，別再出錯了。」

這個例子告訴我們，**不只要啟動「自己的理性腦」，也要啟動「對方的理性腦」，才能抑制住雙方情緒的爆發。**

問自己「為什麼」的目的，主要就在引導自己進入「冷血無情模式」，也就是

「啟動理性腦」。問的問題就算不明確也沒有關係，只要提問，大腦就會開始思考。

養成讓理性腦恢復運作、取得主導權的習慣，就能有助減緩緊張或焦慮。通常這個時候，對方也會因為你的冷靜和提問，跟著緩和情緒，也啟動他的理性腦來思考。

如此一來，彼此就有希望進入和平協商，避免陷入爭端。**所以，不管是工作或人際情感上，遇到問題，最理想的狀況就是藉由問「為什麼？」先理解對方的心情，然後再想「要怎麼辦？」接著擬定後續的行動。**

我親身實驗過，這樣做確實有驚人的效果。工作上出錯的時候，或是遭受不合理對待的時候，只要啟動理性腦的開關，心情就能平復下來。

幫對方按下「理性開關」

除了控制好自己的理性腦功能，若發現對方的情緒上來、口氣越來越激動時，趕緊問他一些關於這件事的簡單問題，**幫對方也啟動理性腦的開關。**

改寫情緒：正向認知，避免情緒流彈亂射

與其說這是在情緒爆發時啟動理性腦的方法，倒不如說，是在面對難纏的客戶或上司等「容易情緒化的對手」時，抑制感情腦活動的方法。

人類感情產生的機制，並不只是「對刺激有所反應」那麼的簡單，並不是只要受到「被激怒」的刺激，就一定會產生「煩躁不安」的反應。

如果只要受到刺激就會有所反應的話，那麼任何人在面對刺激時，都該產生相同的反應才是。然而，事實顯示，被激怒、受到刺激時，有人會覺得對方是「愛之深、責之切！」因而產生想要拚搏的幹勁。但也有人垂頭喪氣地無所作為，自怨自艾地說：「我就是不行……」。

這樣的反應差別是怎麼產生的？原因在於**感情產生的機制並非「刺激↓反應」，而是「刺激↓認知↓反應」才對**。其中的**「認知」階段，就是「理性腦開始**

運作」，發揮作用的關鍵點。

面對刺激，如何去認知、解釋它，將會影響接下來的反應。不同的認知，就會出現截然不同的反應與結果：

〔認知〕A：正向解讀

刺激 被激怒 → 認知 **對方是愛之深、責之切** → 反應 **提起幹勁**

〔認知〕B：負面解讀

刺激 被激怒 → 認知 **我就是這麼沒用** → 反應 **垂頭喪氣**

像這樣，**認知不同將導致不同的反應與結果**，但是誰能夠意識到「要操控自己的認知」？這種人除了學心理學的相關人士，可謂寥寥無幾。

大部分的人在面對刺激時，都是隨著自己當時的心情而產生反應的，也難怪會被感情所支配了。

想要不感情用事，硬是壓抑自己的反應並非根本之道，情緒累積久了總有潰堤的時候。**要學著「善解」人意，「正向」解讀別人說的話、做的事，對你眼前發生的事情，始終保持自己的客觀與理性。**

在人際關係中，每個人的個性都不相同。面對一跟他講話就會生氣的人，一味壓抑憤怒的情緒，只會讓自己的壓力不斷累積。然而，如果為了減少刺激，就不跟這樣的人打交道卻也不太可能，私人領域或許可以，但工作上就沒辦法避免了。

所以，改寫認知，認清眼前的事實，**「預防被憤怒、焦慮等負面情緒所挾制的能力」**就變得非常重要。

比方說，每次送報告上去時，上司總是雞蛋裡挑骨

選擇「理性」認知

遇到問題時，要有意識地避免情緒直覺性的認知，要以啟動理性腦的認知為主。

（×）刺激→**情緒性的認知**→反應：偏頗

（〇）刺激→**理性腦的認知**→反應：客觀

頭，隨著被挑錯的次數越是頻繁，你就越不耐煩。這種時候，刺激和反應的關係就像是以下要說的A。但若是換個角度來認知上司說的話，產生不同的解讀，你的反應也可能會是B。

想想看，當你被上司糾正時，你通常是如何去認知的？請試著分析一下自己的心態。

〔認知〕A：負面解讀

刺激 被糾正↓ 認知 **他是故意找碴的吧**↓ 反應 **不耐煩**

因為你覺得被糾正是上司故意找碴，跟你過不去，所以當然會不耐煩囉。

我們**「先了解自己有負面的認知」**，接著**「重新審視認知」**，把它**「置換成比較正向的認知」**，這樣就可以跟著**「改寫負面的情緒」**了。比如說，像下面這樣：

「主動」意識的警覺

正向改變我們的**認知**，就可以控制我們的**情緒**，進而改變事情的**結果**。成功者和失敗者的差別，就在於他是否會**「主動意識」**到這件事。

〔認知〕B：正向解讀

刺激　被糾正↓　認知　**上司的自我要求很高**

↓　反應　**尊敬：我應該跟他多多學習／反省：是我的自我要求太低了**

這個例子告訴我們，當被上司糾正時，如果你下意識地覺得自己是被找碴了，那情緒也就會上來了。

不過，當你被糾正時，若能改變認知，以正向心態覺得「上司是自我要求高的人」，就不會那麼生氣、不耐煩了，反而會產生尊敬、反省之心，自然也就不會意氣用事。

就像這樣做吧，當刺激發生時，千萬不要放任自己無意識的胡思亂想，而變得情緒化。**要有意識地「改寫認知」，重新正向的定義眼前的情況，這在心理學上稱為「重新架構」（Reframing）的技巧。**

所以，平常如果一時情緒上來了，不妨就用**「刺激↓認知↓反應」**的公式去分析自己的感情，相信你會有很多新的發現。

定義自尊：先想好是在顧「誰的面子」

自尊心太高的人容易意氣用事，無法理性思考，也很難做出合理的判斷。明明只要拜託一下別人就能解決的事，卻因為自尊心作祟，覺得「我請別人幫忙是不是代表我無能」而遲遲不敢開口。

還有，當自己的想法錯誤，而對方的想法是對的時候，又會因為覺得「承認錯誤會貶低自己」，所以也沒辦法承認自己的錯誤。

這些都是出於人類的「自我防衛」反應。

人類擁有保護自己的本能，當察覺肉體快要受傷時，自我防衛的機制就會啟動。比方說，有東西從眼前閃過的時候，我們會不自覺地閉上眼睛，避免眼球受傷，這就是一種自我防衛反應。當動物遭受天敵攻擊時，為了保護自身安全，也會產生類似的防衛反應。

同樣的，**心靈也有自我防衛的本能。**

當人的自尊心、自我價值快要受傷時，我們會為了守護它而有所反應。這個時候，大腦很容易受到憤怒、悲傷、恐懼等情緒所支配，無法理性思考，因而無法做出合理的判斷。

在各種感情或情緒狀態中，受到「憤怒」挾制的情況特別多。因此，一旦我們覺得尊嚴受到傷害、面子快要掛不住時，便會忍不住發起火來。

但話說回來，要大家「改寫認知」，並不是要你捨棄自尊、捨棄尊嚴。

預測式修正

想要有好的結果，必須先有正向認知。練習凡事都**「站在彼此的中間點」**去同理思考，**正向的改寫認知**，結果必然會良性發展。

我個人覺得，人必須要有自尊，但重點在於：**「你要有自尊到什麼程度？」**也就是說，我們該重新定義一下**「尊嚴的意義」**。

當我們定義尊嚴時，有一個很好用的標準，那就是這個尊嚴是「For me pride」還是「For you pride」？

「For me pride」是為了自己的尊嚴、面子。所以當它快要受傷時，我們的情緒反應就會很大。

另一方面，**「For you pride」是為了別人的尊嚴、面子。因為是別人的事，跟自己不相干，就算受傷了也沒啥要緊，自然我們就不太會有情緒反應。**

針對自己的每個行動，我們不妨在前面冠上一句是「為了自己」，還是「為了別人」，這樣就可以判斷它是「For me pride」還是「For you pride」了。

比方說，你被交付某個企劃案，幹勁十足地想要「全部一個人搞定！」這時如果你的「全部一個人搞定！」是「為了自己」的話，因為是「For me pride」，是為了自己的尊嚴或面子，那麼，當有人侵犯到你的pride時，你的反應就會很大。就算應該請人幫忙或是尋求建議的時候，你也開不了口，對吧？

反之，如果我們行動的前提是「For you pride」，是為了別人的尊嚴或面子而努力，定義為：「為了客戶」我必須把交付的企畫完成，因為沒牽扯到個人的pride，自然就可以大大方方地請求協助或建議了。

各位，在職場上，我們到底該保留多少自尊？這點你可有試著分析看看？**千萬不要過度自我防衛、反應太大而平白樹敵喔！**

面子移轉減壓法

如果你是個責任感很強的人，你能確定自己不是在卸責，不妨對自己這麼說：「我是在幫『他』」、「就算失敗，我也『為他』盡力了」，像這樣**把面子和尊嚴問題轉移到對方身上，為自己減壓**，才能保持冷靜，使理性腦發揮最大的效能去解決問題。

打造理性腦的方法②

練就波瀾不驚的心量

要自然而然啟動理性腦的開關，進入冷血無情模式，平常就要多加練習。有效的訓練方法有兩種：**將「喜歡」用「言語」表達出來，以及養成「正念」的習慣。**

將「喜歡」用「言語」表達出來

日常生活中，如果有事情讓你覺得「真好、真不錯」的時候，不妨問自己「為什麼會這樣想？」藉由這個練習，我們就能**啟動理性腦的開關，養成把感情「語言化」的習慣**。

比方說，看到電影、繪畫或廣告時，我們心裡產生「這個真不錯！」的美好感受，這時不妨把這麼想的理由用言語講出來，說出「為什麼覺得它很不錯」，並試著把它條列下來。

除此之外，當覺得推特、IG等社群網站上的訊息「很不錯！」的時候，不妨認真思索：「它到底不錯在哪裡？」試著評析一下，也是很棒的練習。

一般人都只是覺得「很不錯」，產生了感受後就沒有下文了，當我們覺察到感情腦的活動時，不妨問自己「為什麼？」這樣便可以順利啟動理性腦的開關。

像這樣，逐漸養成**「當感情腦活動的時候，同時啟動理性腦」**的習慣，一旦臨時有什麼狀況發生，也就能輕鬆進入理性模式了。

藉由「分析自己情感的活動」，對於「預測對方情感的波動」而言，也是一個

很好的練習。

比方說，看到電車車廂中的廣告，如果嘗試去分析這個廣告為什麼吸引人、是哪裡打動人心，那麼，下次自己做廣告的時候，或許也就知道要從哪方面著手、針對什麼訴求了。

養成把「感受到的事」化作「語言」的習慣。不管產生任何情緒，都嘗試把它說清楚、講明白，如此一來，必能啟動理性腦的開關，減少被情感操縱的機會。

趁尚未被感情左右、依著情緒行動之前，就不自覺地把感受到的事用言語表達出來，自然就能夠幫情緒踩煞車：「現在可不是感情用事的時候」，經常對自己這麼說，就不至於做出衝動的行為了。

集中精神的「正念」練習

「正念」（Mindfulness）具有擴大理性腦與感情腦領域的雙重效果。**當我們的「心量」變大，就不容易受到感情的支配，也能提升理性腦的功能。**

正念，是連蘋果的創辦者賈伯斯都在做的練習，因此，知道或聽說過的人應該不少。

它跟冥想或是坐禪很像，以下是我每天必做的練習：

步驟①▸▸▸背打直，坐在椅子上，閉上眼睛。

步驟②▸▸▸慢慢從鼻子吸氣，花約3秒的時間，再慢慢從鼻子吐氣，也是3秒。

步驟③▸▸▸鼻吸、鼻吐之間，專心觀察空氣的流動。一旦有雜念升起，就要趕緊把意念拉回「呼吸」上頭。

每天花20分鐘的時間重複這3個步驟，如果可以的話，**一個禮拜做6天最為理想**。不是一天分成好幾次做，而是一次做足20分鐘。如果一次做20分鐘有困難的話，那就10分鐘或5分鐘也行。

當然，一天也可以做好幾個20分鐘，不過，持之以恆比較重要，沒必要勉強自己做很多次。

正念練習的目的，在於把意念放在「當下」這個瞬間。

人類的大腦，平常不是在回憶過去，就是在想像未來，很少專注於眼前的狀態，這種情況我們稱之為「mind-wondering」，即所謂的「心不在焉」。當我們心不在焉的時候，就很容易被情感所操控。據說，人一天有50％的時間，竟然都是處於這種心不在焉的恍神狀態。

過去的失敗無法彌補，至於未來，擔心也無濟於事。

大部分的人都花許多時間在煩惱不該煩惱的事，任憑感情腦太過活潑，阻礙了理性腦的運作。

因此，必須透過「正念練習」，把意念集中在「當下」這個瞬間，以抑制感情腦避免過於活潑。

在大衛・蓋爾斯（David Gelles）所著的《正念工作：靜心如何由內而外改變企業》（Mindful work）一書中寫道：有報告指出，**平均每天做27分鐘的正念練習，持續8週以上，大腦的構造就會產生變化。**負責學習、記憶、自我認知的中樞海馬迴的皮質密度將會增加。此外，也已經證實對提升專注力、同理心，以及強化抗壓性等，都有很棒的效果。

我自己實踐了正念練習一年以上，也確實感受到精神力量被強化了，一次能記住的情報量增加，記憶力真的變好了。最重要的是，我覺得感情腦的容量變大，變得更有包容心，不再像以前那麼的情緒化。

容易感情用事的人，推薦您一定要嘗試看看「正念練習」。

|本|章|重|點|整|理|

・Note 2・
高智能鍛鍊筆記

- 人類的腦功能分為「理性腦」和「感情腦」，兩者必須取得平衡才能正常運作。
- 所謂「冷血無情腦」指的是刻意壓制過度活潑的感情腦，確保大腦理性思考的空間，以做出理智、合理的判斷。
- 當我們情緒上來的時候，先問自己「為什麼？」
- 以「正向善解」改變認知，可以抑制感情腦的過度活動。
- 著眼於「For you pride」，而非「For me pride」。
- 養成把「喜歡」的感情用「言語」表達出來的習慣。
- 實踐「正念練習」，讓自己不容易情緒化。

Believe裡面始終藏著lie，換位思考，建立互信

第三章

以互信為前題，操控人心的三大基本原則

智者來來去去，成功者卻屈指可數。所謂「得人心者得天下」，懂得傾聽、善於表達、運籌帷幄，總是最終的征服者與勝利者。說穿了，這其中的祕訣，就是豐富的知識加上高超的心計。不過，對於初學者來說，心理技巧不能急著用，若使用不當，可能會給人欺騙不實的感覺，造成反效果。**要讓心理學技巧發揮效用，必須先建立「互信」**，讓對方卸下心防，心理技巧應用起來才能水到渠成。在此，我要介紹我在工作和私領域多年累積的經驗——**「操控人心的三大基本原則」，這也是本書的核心，在執行時務必三管齊下**。其中重要的眉角和變通策略，希望大家能徹底參透，多加揣摩與練習。

缺乏「互信」，再好的技巧都沒用

藉由學習心理學，確實可以獲得操控人心的技巧，不過前面也有提到，技巧只是知識，更重要的是要學到如何應用的手法。在手法運用尚不純熟的階段，心理技巧不能亂用，否則，反而會使對方更加防備而收到反效果。

這裡要特別為大家說明，在使用心理技巧之前，有些前提條件或基本原則必須謹守。

首先，**要讓心理技巧發揮效果**，**必須建立在雙方「互信」的基礎上**。

所有的心理技巧都一樣，一旦對方不信任你，再好的技巧也無用武之地。

8 無敵招式：「愧疚感」進攻術

比方說，有一種**「以退為進」**（door-in-the-face）的心理技巧。一開始，**先刻意向對方提出很離譜的要求，等對方拒絕你後，再提出比較小的、你真心想要對方答應的要求**。這個時候，對方說「Yes」的機率就會比較高。

業務人員在跟客人討價還價時，經常也都會使用上這樣的技巧，效果非常好！

這種以退為進的心理技巧，利用的是一開始對方拒絕你所產生的「愧疚感」，還有你看起來「讓步了」、「姿態柔軟」，這些態度都能使對方卸下心防。藉由這個時機，引導對方對於你的第二次請求說出「那好吧」的答

「向心」與「離心」

心理學除了技巧要對，「應用手法」高不高明至為重要。應用得當時人人挺你，若手法不當，不只沒人理你，還會被視為詭計多端的人。所以，**使用心理技巧前務必要花些心思「建立互信」**，這是任何業務、社交、情感都需要耕耘的前置作業。

案，成功率就會提高。

不過，如果對方不相信你、雙方缺乏互信的話，他就不一定會感到愧疚，自然這一招也就沒有效果。

總之，像door-in-the-face這樣的說服策略，必須以信賴關係為前提才能施展開來，也才會有一定的效果。所以使用前，得先花點心思讓對方對你有好感，至少願意相信你。

消除人際路障：「防備心」與「成見濾鏡」

這就好像催眠師要對人催眠成功，也必須先取得對方的信任才行。否則，催眠就無法進行。

當信賴關係無法建立時，就算催眠師只是要求對方一個小動作：「現在想像你的雙手緊緊地黏在一起……」，對方也無法照做。因為不確定你要幹嘛而感到不安的他，根本無法聽從你的指令去想像或動作。

所有操控人心的技巧，都是同樣的道理。**在使用技巧的時候，一旦對方起了「防備心」，失去「安全感」，他就無法照你所說的去行動。**說不定還會覺得你不知所以、莫名其妙呢。

另外，**「有色眼光」**是另一個阻礙。

人類多數都是透過「先入為主的觀念或成見」這個濾鏡，去理解對方說話的內容和行動。所以，當你被對方討厭的時候，任憑你的提議再棒、再有道理，透過那「討厭」的濾鏡，聽在對方的耳裡，也都是「討厭」的。這種時候，當然談判就不會成功了。

攻心為上：貼心—知心—勾心

如果使用心理技巧，卻覺得效果沒有預期的好，甚至還適得其反的話，通常是因為你沒有和對方建立起信賴感，或是你沒有把握好基本原則所致。

這裡先帶大家一步步的瞭解人性，當然，也包括自我心態的瞭解，畢竟要先知己知彼，才能深刻體悟「操控人心」的精髓。

操控人心三大原則＋切入點

接下來，為大家介紹長年以來，我運用在工作和私人領域體會到的心理學原則，在此提綱挈領點出重點，先讓大家有個概念，後續會做詳細的說明。

心理學3大基本原則

原則①▶▶▶觀察與理解對方的「一致性」

原則②▶▶▶預測對方基於一致性會「做出的反應」

原則③▶▶▶讓對方口服心也服的「道理＋感情」

操作時切入點包括 ❶從「說者的人品」切入

❷從「聽者的感情」切入

❸從「內容的邏輯」切入

這三大基本原則，可說是操控人心的根本，執行時必須「三管齊下」，否則便起不了作用。希望你能徹底參透基本原則①，然後搭配其他兩個原則一起執行。

不管是哪一個心理技巧，都需要先建立信任，而信任的根本、心理技巧成功的關鍵，都在於要先「了解對方」。

儘管了解對方是掌控人心時最重要的基礎，但能「意識到這件事」並能「確實做到」的人，卻是少之又少。

心理學是武器，不是凶器

要怎麼做對方才會開心？對方抱持著怎樣的價值觀？在還沒搞清楚這些之前，許多人就會急著亂用自己學到的心理技巧，因而造成反效果，平白喪失機會，甚至還會損傷人際之間的情誼，加深彼此的鴻溝。

誤用、濫用心理技巧的後果，會使心理學揹上黑鍋，成為一種傷害性的武器。

我個人的經驗是：不了解對方就擅用技巧，是絕對打動不了人心的，反而還會激起對方的防備心和反感。所以，千萬不要急著用，要先了解人性，摸清對方，這也就是所謂**「知己知彼，百戰百勝」**，**「得民心者得天下」**。

接下來，就讓我們依序說明操控人心的3個基本原則。

操控人心的基本原則①

了解對方的「一致性」

操控人心的基本原則，第一點是**「了解對方的一致性」**，簡單來講，就是要去**「同理對方」**，**學會「換位思考」**。

比方說，當問題產生的時候，我們追究其原因：

「為什麼會產生問題呢？」↓「他沒注意到？」↓「為什麼他會沒注意到呢？」↓……

像這樣，藉由反覆問「為什麼？」找出問題最根本的原因。

如果這個問題是與人際關係有關的話，那就針對對方的發言或行動來發問：

「為什麼他會這麼做？」↓「他是討厭我嗎？」↓「為什麼他討厭我呢？」

↓……

像這樣，一步一步不停地問下去，我們才能深入了解「對方行動背後真正的原因」。**藉由「一一拆解」對方的發言或行為，我們得以掌握它們共同呈現出來的一致性。**

每個人都有「規律」可循

一致性，也可說是行事原理，它是一個人「發言或行為的根本模式」。

比方說，在社交軟體上頻頻留下惡評的人，仔細看他的發言，你會發現他前後矛盾、自打嘴巴，這種人其實還挺多的。

譬如說，有人寫下一則留言：「聽不懂話的人都是沒藥醫的笨蛋，不用理他。」但另一則留言又說：「如果有人聽不懂的話，就要耐心解釋，直到他聽懂為止。」看到這兩則留言，我心裡想：「這個人是專門來搗亂的吧？」但仔細分析他的每一則留言後，我發現只要是回應女生的，他都會表現出擁護的姿態。

這個人不單只是為了抒發自己的壓力，或者是好做口舌之爭而已，他的言行一再表現出他想要扮演護花使者的角色。

所以，面對這種人，千萬不要想跟他辯贏，這樣只會激怒他，讓他口出惡言而已。相反的，你要跟他說「謝謝」，這樣就可以滿足他的虛榮心或成就感了。

有人說：「人的行為沒有道理可言」，但事實上，還是有規律可循的。

旁人眼中十分離譜的行徑，對本人而言，說不定是出於他的「一致性」所採取的合理行動呢。

比方說，開會總是遲到的上司，面對部屬的偶爾遲到就大發雷霆，質問：「你為什麼遲到！」你心想：「你自己還不是常常遲到！」覺得他標準不一，超想頂回去的。

不過，上司會生氣的重點，可能不是因為你遲到，而是出於內心覺得「部屬必須尊敬上司」，這是一種價值觀上的一致性。可以想見，上司面對部屬遲到這件事，心理的反應是：「竟然有比跟我開會更重要的事！」他覺得「自尊心受傷了」，所以才會那麼生氣。

因此，這個時候，如果你只是說：「抱歉，來晚了！」或是：「前面的會議拖到了……」之類的話，只會造成反效果。「這些都不是理由！」說不定上司會更加生氣呢。如果你再回嘴：「那怎樣才是理由？」此話一出，他不暴跳如雷才怪！

別被對方惹毛

遇到自尊心強、口氣狂、態度兇的人，記得問自己：「為什麼他會如此？」**啟動理性腦，別被他惹毛**。不管你原本心裡想說的是：「踉個屁喔」、「不然你想怎樣」、「哧，你懂什麼」……試著改用讚美詞或敬語：「你真厲害」、「真是感謝你」、「麻煩你了」，逆向操作，絕對會有意想不到的好效果。

相反的，**你要表現出以上司為第一優先的姿態**：「前面的會議遲遲不結束，我好不容易才偷溜出來。」上司覺得被尊重了、有面子了，這時他就比較不會生氣，或許內心還暗自高興呢！

還有，上司每次開會都姍姍來遲，故意讓部屬等，或許也是因為這樣做，他才能感受到自己受到尊重吧。碰到這種上司，只要在眾人面前表現出對他的敬意，他就會很高興。明明他開會遲到了，你還對他說：「百忙中抽空過來，真是勞煩您了。」如此這般，想不得到他的另眼相看也難，對吧？

換位思考：參透人心第一步

了解對方的一致性之後，自然就可以預測到對方下一步會怎麼做。**面對對方的言行舉止，別立即用「情緒」給評價，要先在內心不停的反覆問自己：「他為什麼**

會這樣？」逐漸摸索出對方言行的一致性，這樣，下一次你就可以預測到對方的發言或行動了。

了解對方言語和行為的一致性，是學習「操控人心」的第一步，也是最重要的心理技巧。

大多數的人都懶得去了解對方，只會用自己的觀點，而不是對方的觀點去判斷事物。這正是人際、業務或感情上常見的失敗原因。

為什麼多數人都如此呢？因為人類的大腦習慣採取「省電」運作的模式。要去理解對方的一致性，就必須站在對方的立場思考事情，但這樣做太花費腦力了。

因此，我們常認為「正常來說、照理來說，應該○○」，這就是把「自己的一致性」套在對方的身上。

其實，每個人的想法都不一樣，你認為的常理、道理，在別人眼中，可能一點都不正常喔。

歸因思考：鎖定對方的慣用模式

如何鎖定對方的一致性？我認為最好的方法就是「歸因思考」，**也就是歸納各種可能因素，從中抽絲剝繭分析出條理。**

不光是對方的言語或行動，還包括髮型、服裝、手錶、手機、口頭禪等，都是重要的線索。看到這些，你不妨在心裡問自己：

「為什麼他會選擇這個髮型？」

「為什麼他會有這樣的口頭禪？」

像這樣，深入去探索對方這麼做的理由。

然後，你先建立某個假設，去解釋這些所代表的意義，從多樣線索中找出「共同點」，這樣就可以鎖定對方的一致性了。

就舉幾個我之前分析過的個案做例子吧！

案例①▸某位男士頭髮梳得一絲不苟，指甲剪得乾乾淨淨，衣服更是一點皺褶也沒有，這些特徵讓我歸納出「認真」、「自律甚嚴」、「一板一眼」的一致性。

基於這種一致性，我猜想這個人的房間應該也很整齊，他應該很重視自我要求，是屬於嚴守紀律的那一型。

案例②▸服裝和包包會統一選用暗色調的人，表現出「重視顏色搭配」的一致性。就連房間也都是清一色的暗色，這表示他比其他人對顏色的要求更為敏感。

談話中，不妨點出對方在這方面的堅持，並表示理解與支持的話，這樣就能建立起很強的好感與親近感。

案例③▸走路大搖大擺，習慣用手摟著漂亮女士的腰，全身上下都是名牌，這些現象，顯現出這個人「獨佔欲很強」、「有品牌迷思」的一致性。

可以想見他對自己沒什麼自信，所以會刻意用架勢和名牌來彰顯自己，讓自己看起來比較強大。而用手摟著女性的腰，則會讓他有控制感，因而有安全感。

這種人很在意周圍人的眼光，若要討好他，只需讚美他擁有的東西，表示欣羨之情就可以了。

多去驗證「從觀察得到的假設」，把這些假設反覆套用，查看是否成立。如此便能逐漸鎖定對方的一致性，準確度也會越來越高。

希望你能不厭其煩地問自己「為什麼」，進行「歸因思考」。一旦你學會這個技巧，它就會成為你最強的武器。

約瑟夫・貝爾（Joseph Bel）其實是柯南・道爾（Conan Doyle）筆下人物「名偵探福爾摩斯」的原型，他除了是名外

答案藏在細節

對人對事只看表面現象並不確實，切忌以偏概全。**要以滲透性、網絡狀、多角度的去觀察對方的蛛絲馬跡、言行的細節**，歸納出結果後再反覆的驗證，「一致性」的結論就會越來越明確。

科醫師外，還擁有非常強的觀察力和推理能力。據說，他只要觀察來就診的患者，就可以推斷出他的性格或經歷，至於對患者病況的瞭解當然不在話下。

面對自己這驚人的天分，貝爾博士曾說過這麼一句話：

「你不能只是看（see），要懂得去觀察（observe）。」

從對方的言語、行動、髮型、服裝、手錶、手機、口頭禪等去觀察，反覆地進行歸因思考，找出重複性、就能鎖定對方的一致性。熟練之後，你就可以朝下一步「預測對方即將做出的反應」邁進了。

操控人心的基本原則②

預測對方「即將做出的反應」

要預測對方的反應，必須站在「**對方的立場**」去思考。

當然，**站在對方的立場思考，不是根據對方的職業或背景去思考事情，而是根據「對方的一致性」來思考。**

根據對方的職業或背景去思考事情，只是把自己的一致性套用在對方身上，自然也就預測不到對方的言語或行動了。

假設對方「一直希望得到別人的認可」，擁有「期待被認同」的一致性，但你卻對別人的認可不感興趣，用自己的一致性去思考別人，如此要預測對方的言語或行動就會有困難。

因此，當我們站在對方的立場去想事情，**進行所謂「換位思考」的時候，必須先把「對方的一致性」放進「自己的腦袋裡」，徹底變成對方才行。**

然後，我們在不違反對方一致性的前提下進行邏輯推理：遇到這種情形，對方會怎麼想？他會採取什麼行動？並結合所學的心理學知識去預測就行了。

投其所好，增加「認同點頭率」

了解對方的一致性之後，就可以合理推論出對方的下一步，對方還沒開口，你就知道他要講什麼，簡直可以未卜先知了呢。

換位置＋換腦袋

觀察線索→**換位思考**→邏輯推理→整合結論，就能掌握對方言行、價值觀的習慣性。

基本上，**人們會基於「個人的一致性」還有「自以為是的道理」，去期望對方的言語和行動**。

的確，當我們想請人幫忙影印資料的時候，肯定會去拜託那個你以為「最好說話的人」，對吧？還有，你覺得「菜鳥提早30分鐘來上班」是「天經地義、理所當然」的事。

當對方的行為或態度不符合你的期待時，一般人的情緒就會上來，甚至會覺得不開心。那是因為你在思考事情的時候，沒有根據對方的一致性，你自己想偏了，責任當然要自己來負囉。

比方說，**你在拜託別人幫忙的時候，要先思考一下對方的「個性」和「在意的點」**，想想看要怎麼向他開口比較恰當：

問法①▸▸▸「可以幫我做這個嗎？」

問法②▸▸▸「如果你能答應的話，真的幫了我一個大忙……」

問法③ ▸「這個沒有人會做，你會做嗎？」

每次開口前，在心裡針對對方的一致性先做沙盤推演，一定比較容易說服成功。

如果，你拜託的人是那種需要別人認同，容易被肯定、讚美打動，用②的問法去拜託他，他肯定會答應吧？知道他有「被認同」的欲求，希望被別人肯定，你就盡量滿足他這一點，告訴他你對他的期望，自然就可以讓他採取行動了。

如果，對方是容易被金錢、財物打動的類型，那你給他實質的報酬，應該會比較有效果。

一般而言，**能打動人心的報酬，不外乎「金錢的報酬」與「精神的報酬」兩種。**我們要做的是**認清對方喜歡哪一種報酬，然後「投其所好」**，給他想要的報酬，這樣他就會為

「一般人」行動模式

多數人的思維可以用這個模式來推敲：**「做決定＝個人一致性＋自以為是的道理」**。弄懂對方的一致性，就知道如何說動他了。

你所用了。

「金錢的報酬」好，還是「精神的報酬」好？

有一次，某個猶豫著要不要提出新企劃案的業務跑來找我商量，我為了讓他覺得這是屬於他自己的工作，讓他更有參與感，嘗試性地問了他幾個問題，企圖找出什麼才是讓他推起案來更有動力的報酬。

比方說，談話中如果他一直提到「幹勁」、「樂在其中」、「大家一起」這些很有精神的口號或字眼的話，我就會投之以精神的報酬：「這太酷了！」、「光是想想都讓人興奮！」、「這個肯定很有意思。」

相反的，如果他動不動就把「營業額」、「工作量」、「績效」掛在嘴邊的話，我提出的就會是金錢的報酬：「贏得大老闆的賞識」、「訂單如雪片般飛來」

之類的。

由於來找我商量的業務，是屬於容易被精神報酬打動的那一型，所以我也就表現得情緒很high，誘之以精神的報酬：「這樣做大家都會感謝你！」、「你不覺得整個人都興奮起來了嗎？」在背後推他一把，讓他願意主動去提案。

最後，果然讓他講出：「不管了，我說什麼都要試試看！」的話。但是，如果我提出的是金錢的報酬：「這個肯定會大賣！」卻可能會被對方一口否定：「這個不是重點！」那也許這個企劃案就不會被提出了。

像這樣，你要**先弄清楚對方「會被什麼打動」，這樣就可以在「不引起反彈」甚至是「順水推舟」的情況下，輕易地讓對方照你的心意行動。**

進場的籌碼

不勞而獲的機率很低。一定要投入時間和精神，**花心思了解「對方想要什麼」，給予合乎期待的報酬**，才能打開合作的大門。

「威脅、恐嚇」或是「死皮賴臉地請求拜託」，這些都好像用蠻力去推動巨石一般，是起不了任何作用的。

要用心去了解對方，就好像在大石頭底下鋪墊圓木柱，不費吹灰之力就可以讓巨石滾動，這才是輕鬆省力的做法。

操控人心的基本原則③

「道理＋感情」說服對方三個最佳切入點

基本上跟對方「講道理」，告訴對方為什麼我希望你這麼做的理由，通常都只能得到對方的「口頭答應」，他嘴巴上說「我知道了」，但實際做出來的卻不是那麼回事。

說不定，他還會覺得你愛訓話、講大道理，心裡很不以為然呢！

如果，讓AI人工智慧機器人跟真正的人類來發表競選演說，沒有意外的話，肯定是人類會贏吧。

競選造勢的場合，AI機器人冷靜、理智地說道：「我可以做出合理的判斷，你們應該把票投給我。」反之，人類則是充滿感性地說道：「我將窮盡畢生之力，為日本的美好未來打拼！」這時能「打動人心」的應該是人類的演講吧？

像這樣，**必須「道理＋信任感」或「道理＋熱情」，把道理與感情結合在一起，才能夠打動人心。**

誠如日本眾議院議員小泉進次郎所說的：「演講的時候，必須把體溫和體重都放進講稿裡。」要想打動人心，光只會講道理是不夠的。

「大象」和「騎象人」誰是老大!?

我超喜歡希斯兄弟（奇普・希斯、丹・希斯（Chip Heath

道理的「溫度」

一場成功的談判需要兩大支柱：**說之以「理」＋動之以「情」**。藉由「IQ＋心理技巧」來操作，用感情幫道理加溫，暖送人心。

& Dan Heath））所著的《改變，好容易》（Switch：How to Change Things When Chang Is Hard）一書中所舉的「大象與騎象人」的例子。

大象代表「感情面」，而騎象人則代表「理智面」。

當騎著象往目的地前進的時候，主導權在象的身上，而不在騎象人的身上，任憑騎象人再怎麼理智、合理地想讓大象往前走，只要在別的地方出現食物的誘惑（比如說水果），象就不聽話了，任憑他怎麼拉都拉不回來。

同樣的道理，人類在做決定時，也很容易被「感情」牽著走。

因此，**要想打動人心，不可以只是去說服代表「理智」的騎象人，必須連同代表「感情」的大象也說服才是。**

看過電視廣告的人都知道，任憑你把「為什麼應該買的理由」分析得頭頭是道，也未必有人會購買。反而是訴求感情的標語：「可以馬上體驗！讓你驚喜連連！」以及找幾個一臉滿足的購買者親身實證，才是主流的行銷手法。

我跟業務一起去拜訪客戶的時候，就曾親眼日睹業務只會講道理，卻讓對方的心越來越封閉的慘況。

要想打動人心，必須「道理＋感情」，只講道理是行不通的。

那麼有同時顧及「理智」與「情感」的談判術嗎？有的，這些全都整理在萬學之祖亞里斯多德所著的《修辭學》（Rhetoric）一書中。

亞里斯多德的《修辭學》也可稱之為「雄辯術」或「演說術」，主要在闡述成功說服別人的技巧和方法。

書中提到**要想說服成功，必須從三方面著手：一是「論者的人品」，二是「聽者的情感」，三是「內容是否有道理」**。若能滿足這三個條件，不光是亞里斯多德這種絕頂聰明的天才，任何人都可以成功說服別人。

前面有提過，「信賴」是人與人相處的基礎。

首先，要去說服別人的人，是否能百分之百取得對方的信任？「人品、人格」

這種先入為主的觀念，是在與對方溝通時非常有利的武器。

①道德訴求：從「論者的人品」著手

亞里斯多德就曾說過：**「再也沒有比論者的人品更強大的說服武器。」**

只要我們覺得對方人品好，不管他說什麼我們都會接受。

但是，當我們不信任對方時，產生了「懷疑的心」，就會使我們透過自己的價值觀或成見去過濾對方的話，然後再自行解讀，加以解釋。

因此，就算論者的話再有道理、理由再充分，過濾後再進到我們耳裡，也就不那麼中聽了。

「這裡面該不會有鬼吧？」

「說得這麼好聽，不過是要引我入套吧？」

被說服的人會這麼想，全是因為雙方缺乏互信所致。**要想卸除對方的「濾**

鏡」，必須憑藉你的「人品」，建立起信賴關係才行。

信賴關係還沒建立之前，就匆忙的說：「那我們直接進入正題……」，想要開始談生意和業務，通常都不會成功。**優秀的業務員肯定會先跟對方聊一聊，藉由「破冰遊戲」或「傾聽」等過程，先建立起和對方的信賴關係再說。**

所謂的聊一聊，並不是天南地北的瞎扯淡。門薩的會員通常會**邊聊邊注意對方的舉動，觀察對方對怎樣的話題感興趣。**

比方說，當對方把手放在桌子底下時，代表他對這個話題不太感興趣。或許，他還會在桌子底下轉筆什麼的，這表示他非常無聊，無聊的都要打瞌睡了。

人聽到感興趣的話題，會不自覺地身體向前傾，把手放在桌子上。你必須找出讓對方這麼做的話題。

肢體語言&表情

彼此談話除了說話技巧，更要觀察**無聲的密碼——對方的「肢體語言」，其中包括了「表情」**，藉此了解對方的喜好反應，適時調整你的「話題」與端出的「報酬」，促使對方對你的提案產生興趣。

②感性訴求：從「聽者的感情」著手

接著，就要考慮到聽者的感覺、情緒如何。

人在很多時候，都是「憑心情」決定YES或NO。所以，**去了解對方此刻的感情和情緒處於什麼狀態，對說服而言非常重要。**

說到感情，日本人在這方面的表現就很不擅長，總是用沒有抑揚頓挫的單調語氣去陳述自己的意見。

看看相對的例子，藉由**「煽動式演說」**發揮號召力的希特勒，他的演說一開始都靜靜的，非常低調，然後隨著演說的進行，慢慢地把氣氛炒熱，並在接近尾聲的時候達到最高潮。希特勒精確地講出**「聽眾想聽的」**，在炒熱氣氛的同時，也激發出群眾的情感。

天才的演說，就好像在演奏音樂一般，一開始先挑起聽眾好奇、恐怖或憤怒的情緒，讓他們對他想傳達的訊息產生共鳴，然後再引導他們進入**「預設的情境」**。

這跟音樂的情境誘導有異曲同工之妙。

要想成為像希特勒那樣的演說家，**建議您可以去學「舞台劇」，訓練自己的表達能力**。不過，有上台恐懼症的人，不妨先嘗試**在做簡報時增加「聲音的抑揚頓挫」**，**小小的改變也會有不錯的效果**。

比方說，你可以說：「這點，非常重要。」「看這裡！請看仔細了。」「再這樣下去……一切都完了！」像這樣，強調你想傳達的訊息，藉由**「對比」效應**（contrast effect）加深對方的印象。

也可藉由不斷重複的話語，利用所謂的**「重複曝光」效應**（mere exposure effect），把你想傳達的內容深植在對方的潛意識中。

意識洗腦

反覆加強印象的技巧「重複曝光」，也稱作「單純接觸效應」，類似催眠、洗腦的作用。1960年代由史丹佛大學心理學家賽瓊克（Robert Zajonc）提出，效果在**藉由不斷重複，讓對方印象深刻**。

③理性訴求：從「內容的邏輯」著手

除了以人品撐腰，用感性煽動，不用說，要說服別人，還是必須讓對方接受你所講的道理，對吧？

要讓對方覺得你講的有道理，有兩個原則必須遵守：

首先，你要**說清楚「前因後果」**。

其二，你要懂得**適時地插入「由於」、「因為」、「所以」這些接續詞**，讓你的理論架構有理有據，不致於分崩離析。

高IQ的人腦筋轉得很快，經常會天外飛來一筆，讓人跟不上。就拿「大風吹來聚寶盆（風が吹けば桶屋が儲かる）」這句日本諺語來做比喻好了。

天才的推論經常是「跳躍式」的，從「大風吹↓賣木桶賺的錢」，這中間可是經過了許多過程，得細細推敲、層層演繹才得到這樣的結論，但天才卻一步就想到位了，省略掉中間的過程，完全不加以說明，也難怪聽的人會聽不懂，覺得他異想天開了。所以，把道理說清楚、有條有理非常重要。

8 「道理、人品、感情」三位一體

一般人都會在「道理」上下功夫，卻忽略了其他要素——「人品」與「感情」，所以說，就算你的論述再完美、再站得住腳，也只能說服對方的理智，說服不了對方的心。

當你的意見不被採納，或是簡報過不了關時，不妨想想**「道理、人品、感情」，你到底缺了哪一樣？**請想辦法把它補齊。

比方說，你是否有以下的問題：

「在尚未取得對方的信任之前，就急著談生意？」

「做簡報或陳述自己的意見時，一點熱情都沒有？」

「你講的是否有道理？合乎邏輯嗎？」

另外，「講話的速度一分鐘不要超過300個字」、「要站在投影機的右邊」、「行禮鞠躬要35度」等，這些小細節是要注意沒錯，但太過注意了，反而會阻礙大腦的運轉，使你無法專心在簡報上。

與其在意這些小細節，不如把前面講的「三大原則」掌握好，這才是最基本的成功關鍵。

從下一章開始，我們會介紹許多心理技巧，但如果不看場合就隨便亂用的話，那就太浪費了，甚至會收到反效果。

你必須遵守這章所說的「三大基本原則」來運用各種心理技巧，這樣才能發揮它應有的功效。

|本|章|重|點|整|理|

· Note 3 ·

高智能鍛鍊筆記

- 心理技巧的應用必須以「信賴感」為前提，只有雙方能互信，才能產生一定的效果。
- 「了解對方的一致性」是操控人心的第一步，也是最重要的心理技巧。
- 可以藉由「歸因思考」（不停地問自己「為什麼」）來找出對方的一致性。
- 把「對方的一致性」植入自己的大腦裡，讓自己變成他，從「對方的角度」去思考事情。

第四章

引導對方說出「YES」的11個簡報&行銷技巧

「對等」與「尊重」在心理學操作上應擺在首要。無論是職場、感情，所有溝通的場合都一樣，如果想讓對方理解你、支持你的想法，說出「YES」、「OK」、「成交」，那可千萬不能心急，「等待」與「鋪陳」是非常重要的。因為即使理論再強，公認超級有效的心理學技巧，一旦操之過急、用要求的、強迫的高姿態來使用，反而會引起對方反感，懷疑你的企圖。所以，請保持耐心，稍微減緩速度，先從「傾聽對方說話」開始進行。以下豐富的實務案例，可以使你身歷其境般體會各種技巧的拿捏，以及隱藏的眉角和例外狀況。一定要**事先多加揣摩對方的個性，預想可能的後果**，以適當的技巧和使用強度，看準時機與情況再出手。

1 給對方優先權：先懂你，再聊我

不光是在做簡報或開會，**所有溝通的場合都一樣，如果想讓對方理解你的想法，那就要反過來，先從「傾聽對方說話」開始。**

傾聽對方的話語，具有打開對方心扉的效果。

傾聽，不是左耳進、右耳出，單純聽聽罷了，傾聽的重點在於「是否能夠理解」。當對方講完後，你可以用「換句話說，你是〇〇意思，對吧？」或「有關〇〇的點子很有意思呀」等話語，讓對方知道你有抓到重點、理解他的想法了。

「優先理解對方的立場」這是史蒂芬・柯維（Stephen Richards Covey）所著的《與成功有約：高效能人士的七個習慣》（The 7 Habits of Highly Effective People）一書中，提到七個提昇自己品格與能力的習慣之一。

像我自己就非常重視這一點：**要維繫人際關係的和諧，必先從「理解別人」做起**。這也是有效建立起信賴關係的心理技巧之一。

絕對不要打斷別人說話

「優先理解對方的立場」這一點看似簡單，但實際上很多人都做不到。

為什麼呢？因為我們的大腦容易覺得「不耐煩」。人類的大腦基本上是採「省電」運作模式，能省力就省力，能不傷腦筋就不傷腦筋。

你試看看就知道了，當我們一邊去理解對方想說的話，一邊又要思考自己想說的話時，大腦會很累。對大腦而言，去理解別人，算是「多出來的作業」，是在「加班」來著。

不僅如此，當我們拼命去理解對方想說的話時，往往會害自己該講的沒講，甚至會忘了自己到底想講什麼。但是，不管怎麼樣，**「打斷對方」是最不可取的行為**。因為，對方會覺得你不夠理解他，不夠尊重他。

忍住自己想講的話不說，先聽對方說。我知道這樣會讓你覺得欲求不滿、不吐不快。但是，要想建立起與對方的信賴關係，一定要這樣做。因為當對方的話沒講完，被你打斷了，他也會覺得不快，久而久之，就會變成壓力噴發出來喔！

不要說「Yes, But」，要說「Yes, And」

為了做到「優先理解對方的立場」，我會使用「Yes, And」的方法。

「Yes, And法」是一種讓人把你的話聽進去的心理技巧。**當我們與對方意見相左時，不要馬上就否定對方的意見，應「先予以肯定」，讓他覺得你接受它了，然後你「再提出自己的意見」**，這樣對方會比較能把你的話聽進去。這根據的是人想要投桃報李的**「回報性法則」**。

讀過心理學的人都知道，「Yes, But」方法頻頻出現，幾乎每一本書都看得到，但我個人不太推薦。因為，不管怎麼說，你都是在否定對方的意見，一開始的「Yes」（退讓），只是為了在最後給對方致命的一擊「But」（但是）。對方會感覺到你缺乏善意，甚至覺得你在耍他。

理想的狀況是像「合氣道」一樣，**借勁使力，在肯定對方意見的同時，也把對方引導到自己的意見裡，讓他順著你的邏輯走**。比如像下面這個例子：

客戶：「這次我們公司要砸3億元做促銷，你覺得怎麼樣？」

你：「是喔（Yes），這主意很不錯。那等一下（And）我們就來討論預算要怎麼編列吧？」

客戶：「嗯，那確實很重要。」

你：「是的，感謝您。」

※你沒有否定對方的意見，自然就不會引起反彈。

比起「那很好，但（But）預算要怎麼辦？」的說法，「我們順便（And）把預算審一下」之類的說法，應該會中聽許多吧？

你並沒有批評對方的意見，只是在一旁提醒，把你的擔憂說出來而已。

善用**「然後、而且、為求慎重起見、順便」**等連接詞，都可以發揮類似**「And」**的效果。

一般人必須先得到別人的理解，才有餘力去理解別人，才會產生想要去理解別人的心情或心思。這一點是你該意識到的，自己先要跳出這個框框，才能藉這項「人性特點」來操縱人心。

當然，雙方能互相理解、達到共識是最理想的狀況，不過，當你的腦袋打結、談判陷入膠著時，「Yes, And」這個方法或許可以緩衝一下，幫你爭取到一些時間或空間喔。

To Do　對方優先，凡事從理解對方做起

2 有這麼嚴重嗎——「批評對方意見」就是「否定對方人格」？

在開會或做簡報的時候，經常有人會直指對方的錯誤，當眾給人難看：「這行不通吧？」、「這有問題吧？」

這下可好，自尊心受損的對方決定跟你對著幹，這時不管你這邊的提案再怎麼精彩，他都聽不進去，甚至為反對而反對，搞得雙方的談話完全沒有建設性。

還有一種人，聽到不怎麼高明的意見會嗤之以鼻、暗中譏笑。越是聰明的人，越是會這樣做。

話說，人類有一種傾向，會把「自己的identity」投射在「自己的idea」上。

先肯定「付出」再批評「提案」

Identity可以說是「自我定位」或「自我價值」。**當一個人的點子、構想（idea）被批評時，他會覺得好像是自己的自我價值（identity）被否定了，自然會很不高興**。心理學把這種反應稱為**「自我投射」**。

當我們對某件工作越是投入時，我們的自我投射就會變得越強。其實，批評你想法的人並沒有惡意，但是你就是覺得他在否定你的人格，於是雙方的信賴關係就崩潰了。

不僅如此，如果被批評的是那種度量狹小的人，他可能還會想要反擊回去：「給我走著瞧！」動了想要報復的壞心思也說不一定。

「因為怕惹人嫌，不敢多說什麼。」這句話我在家人、朋友、上司與部屬的相處上經常聽到。

可是，也不能因為這樣就什麼都不說呀，該講的還是要講。

這個時候，**你得把idea和identity切割開來，先肯定對方的identity（付出價值），再來批評idea（提案構想）**。

看見並感謝「對方認為的」犧牲

在肯定對方的付出時，我們得向對方為了這個提案、構思所付出的時間和努力表示感謝，要先跟對方說「謝謝」。

比方說：「讓你加班到這麼晚，辛苦你了。」或是：「這資料也只有你能整理得那麼好」之類的。

然後才說：「只是，這個想法會不會太樂觀了？」像這樣婉轉的進行構想上的討論和批判。

如此一來，就可以把identity和idea分開了。

還有，雖然要先感謝對方的付出，但褒獎的重點要掌握住，千萬不要馬屁拍到馬腿上。

要從對方的「習慣」或「價值觀」切入，看他為了完成這件工作，做了何種犧牲**（是「對方認為的犧牲」喔），針對他所做的犧牲表達感謝。**

比方說，平常都不加班的人，最近突然留到很晚，這個時候你就可以說：「讓你加班到這麼晚，真是太感謝你了。」

肯定對方的identity很重要，但是**若想要效果加倍，就要更加去肯定「對方重視的」**identity才行。

不僅工作，談戀愛也是如此，必須像這樣：「感謝你為了我們的約會，這麼費心安排行程。但是，親愛的，遊樂園我們上個月才去過呀。」先肯定對方的付出，再批評對方的提議。

To Do 先表達感謝，再進行批評與討論

③ 從讓人一頭霧水的結論說起，勾起對方好奇心

會議或簡報的場合，劈頭就先把結論講出來，搞得大家一頭霧水：「他到底在說什麼？」、「他到底想說什麼？」

這種先丟出「莫名其妙的結論」把場面搞亂的心理技巧，稱為**「非機能思考」（DTR），目的在先引起混亂之後，再解除對方心裡的疑惑。**

懸疑倒敘，使人更想聽下去……

當我們使用「DTR」時，一般人的腦袋會充滿「？」，因為是直接講出結

論，沒解釋中間的思路過程，所以一時聽起來會覺得天馬行空、不合邏輯。

這跟「要說清楚、講明白」的主流溝通法則有所衝突，但是，**若要使用這個方法，卻是越懸疑越好。**

「DTR」的好處在於能成功引起對方的好奇心，使對方保持關注。

要讓對方對自己的話感興趣，這確實是個不錯的心理技巧。

人類對自己始終想不通的事情會覺得有壓力。因此，一開始先下結論之後再接著說：「其實，我的意思是……」如此這般的加以解釋，為了解除自己內在的納悶與壓力，對方就會專心聽你接下來要講的話了。

各位都有看過魔術表演吧？在你始終看不出門道時，是否覺得好奇心噴發、心煩意亂呀？然後，當魔術師說：「請看仔細了」，準備把答案揭曉時，你的一顆心是不是立刻提了上來？

同樣的現象，也發生在「DTR」的運用上。

「非機能思考」（DTR）使用範例

要怎麼使用吊人胃口的技巧呢？可參考以下的例子：

〔案例〕1：檢討業績不好的同仁，督促他改善

你：「我們應該多鼓勵他才對！」

其他同事：「蛤？」

你：「我的意思是說，他業績不好，可能是因為自信心不夠，而他的自信心不夠，又是長期業績不好造成的。因此，為了提升他的自信心，我建議不要用一般的標準去考核他，應該個別處理才對。」

〔案例〕2：提升電話服務中心的客戶滿意度

你：「好，我決定在每個人的電腦上都貼上鏡子！」

其他同事：「蛤？」

你：「我的意思是說，做電話行銷遇到客戶的態度冷淡，自己的表情也好不到哪裡去吧？情緒不好，口氣也就會變差。當然，我們不可能一直注意自己的情緒，所以，藉由在電腦上貼鏡子，就知道自己現在是什麼表情，也就可以隨時轉換自己的情緒了。」

換句話說，你講話的順序是：**「天馬行空的點子↓合理的補充說明」**。

經常煩惱「別人為什麼不聽我說話」的人，一定要好好應用這個方法。

當然，你一開始丟出的結論必須是「於理有據」、「站得住腳」，也不能辜負對方的期待才行。

To Do　先丟出結論，再逐一合理說明

---

4 說服要從「內側」切入，非從「外側」

為了讓簡報或談判能夠順利進行，**必須想辦法引導對方「親口說出」我們想要他採取的行動。這是一種能加深對方印象與意願的「承諾儀式」**。

一旦對方自己講出來、答應了，他對這件事就有了責任，自然就會主動、自發地照我們希望的去做。

讓對方「自己做出承諾」才算數

說服的技巧，從操作面可以分成2大類：

被動式①▶「外發性」說服

自發性② ➤「內發性」說服

「外發性說服」是單向的把對方應該這樣做的理由告訴他。換句話說，是從「外側」去刺激、打動對方的心。

相反的，**「內發性說服」則是誘導對方說出我們想要的答案，還要讓對方覺得是他自己找到這個答案的。**換句話說，是從「內側」去刺激、打動對方的心。

日本人大多會採取外發性說服的方式，但在尚未突破對方的心防、讓他相信你之前，這樣做是沒有用的。

所以說，**在沒有太多時間培養感情、建立信賴關係的情況下，還是以「內發性說服」會比較有效。**

「內發性說服」使用範例

「內發性說服」是讓對方親口說出你想說的結論，讓對方做出承諾後，自覺對這件事有責任，就會努力去履行承諾的說服法。

這在心理學被稱為**「承諾和一致性」法則**，戰爭時在給俘虜洗腦的時候，也經常會用到這個方法。

若是硬逼著對方答應，通常會遭到反彈，但若是對方「自己說出來的」（看起來好像是），為了不自打嘴巴，他說什麼也會想辦法去執行了。

簡報高手或是優秀的營業員，很多都會採用這種內發性的說服技巧。

請看下面的案例：

〈範例〉1：讓對方做出「相信」的承諾

錯誤示範：「請相信我。」

正確示範：「你相信我嗎？」

心理學原理※讓對方親口說出「我相信你」，能強化彼此的信賴關係。

〔範例〕2：讓對方做出「需要」的承諾

錯誤示範：「貴公司非常需要這項服務。」

正確示範：「老實說，這項服務對貴公司而言是需要的？還是不需要的？」

心理學原理※本來就是因為有需要才請你來公司提案的，他親口說出「需要」卻不簽約，那不是自相矛盾了嗎？所以，只要他自己說出「需要」，接下來就好談了。這也是我在簽約時經常使用的手段。

〔範例〕3：讓對方做出「不妥」的確認

錯誤示範：「你們公司的網路不是很安全。」

正確示範：「一旦被駭客入侵的話，你想責任會是誰負？」

心理學原理※提問之後，只要再跟催一下：「我們希望能防範於未然，建議您使用這個防毒軟體，確保安全。」訂單就到手了。

像這樣，與其把對方應該這麼做的理由告訴他，倒不如**想辦法讓他自己做出承諾，引導他親口說出你希望他採取的行動。**這樣說服對方，成功的機率會高出許多喔。

To Do 用問句，想辦法引導對方自己做出承諾

---

5 談判時「利弊得失」都要講

在跟對方談生意的時候，**「好處」、「壞處」都要講，不可以報喜不報憂。**

一般人都只會講好的：「跟其他公司比起來，我們的產品就是這麼優秀。」那是因為人們害怕「把缺點講出來，會貶損商品的價值」，大家不敢承擔這樣的風險。

但是，贏家就是不一樣。簡報高手或優秀的營業員在談生意的時候，都會自曝其短：「有A這樣的優點，也有B這樣的缺點。」把不好的地方也說出來。

為什麼要這樣做呢？因為對方有可能也會發現那個缺點，**「自己招認」總比事後被抓包要來得好吧！**

8 「自曝其短」反能贏得信任

當然，你必須要有把握或做好準備，你的「自曝其短」不會把客戶嚇跑。談生意或做簡報時最怕無法自圓其說，對吧？

一旦被客戶戳破，你就要忙著去解釋有問題的地方、填補漏洞，你的立論就不夠完美了。

在被對方戳破之前，自己把好處、壞處都講了，這才是完美的簡報或話術。喜歡辯論的門薩會員，總能事先預測到彼此談話的方向，對方還沒講完呢！他就已經知道對方要講什麼，也已經想清楚自己要怎麼回答了。

另一方面，在門薩會員這樣的聰明人面前若只挑好的說，馬上會遭到反駁：「可是，這裡怪怪的，說不過去呀。」前面的鋪陳就全白費了。

紙包不住火，醜媳婦總要見公婆。因此，多數的門薩會員都會選擇「自曝其短」的作法。

我在談生意或做簡報時，也都會事先模擬對方可能提出的質疑，在對方還沒把話講完之前，我就已經準備好要怎麼回答他了。但前提是：你的提案「優點」必須強而有力！

「兩面提示」主動去除對方疑慮

自己把好處、壞處，優點、缺點都講清楚了，不僅可以讓你的論述完美，更是運用了心理學「兩面提示」的技巧。

基本上，人們會比較願意相信「主動把正反兩面資訊都揭露清楚」的人。

兩面提示法也經常被運用在廣告宣傳上，「雖然辣卻讓人上癮」、「雖然貴卻很好吃」，像這樣把缺點、優點都講出來，會讓人對你的產品或廣告詞更有信心。

至於，提示的優先順序，建議您最好**「先講缺點↓再講優點」**。

說法①⋮先講優點↓再講缺點：「這本書寫得很好，但有點小貴。」

說法②⋮先講缺點↓再講優點：「這本書雖然稍貴，卻寫得很好。」

會在你心裡對這本書留下好印象的，是上述哪一種說法呢？

「先講優點↓再講缺點」的說法，會讓你對「價錢貴」這件事特別有印象。

「先講缺點↓再講優點」的話，會讓你比較容易記住「內容好」這件事。

舉例來說，你可以像下面這樣運用兩面提示法：

〔案例〕1：推銷保險時，建議客戶買年金險

「我知道，每個月把錢省下來，或許會影響到您的生活品質。但萬一有一天，年金真的破產了怎麼辦？難道您要工作一輩子，至死方休嗎？倒不如趁現在還有收入的時候，自己先把退休金存起來吧？」

像這樣，你事先把缺點講明了，就不至於在簽完約、要開始繳款的時候，對方竟然有「受騙上當」的感覺。

不僅如此，**預先告知風險，也可以加深對方對你的信賴感。**

To Do **主動說出「缺點」，但要有「夠強的優點」做結尾**

6 把「壞消息」變成「好消息」的技巧

自己犯了錯、闖了禍，當要把這負面消息講出來的時候，大多數人都會猶豫不決。這很自然，因為講出來後對方會生氣，會對自己產生不好的印象。所以，一般人都會選擇逃避，能不講就不講。

「三明治溝通法」示範實例

其實，把壞消息講出去，不一定會減損別人對你的評價。

你可以運用**「三明治溝通法」**（ＰＮＰ）來試一試。

在壞消息的前、後夾雜著好消息，用「正面→負面→正面」的順序把訊息傳

達出去，這也是我經常使用的心理技巧之一。

只要是人都會犯錯，但你千萬別那麼直，啪地就把負面的訊息說出去。講之前，你應該先想清楚，要怎麼講才不會讓自己扣分，這樣接下來的溝通才會順利。

比方說，你把報價單的金額打錯了。

這個時候，立即報告、聯絡、處理非常重要，但若以實話跟上司講：「不好意思，是我把金額打錯了……」，肯定會讓自己大大扣分，該怎麼辦才好呢？

這個時候，「三明治溝通法」（PNP）就可以派上用場了，像這樣：

正面訊息：「昨天我去拜訪A公司的時候，他們公司的○○對我們的服務非常滿意。」

負面訊息：「但是，我當時給的報價單，金額出了點問題。」

正面訊息：「那個金額一旦上面的人核准了，就沒有轉圜的餘地，不過，幸好單子還在業務那邊，我已經馬上提出了修正。」

不要講完「我做錯了」的負面消息就沒有下文了，**最後「要用正面的訊息」做結尾**。如此，對方給你的評價也會是正面的。

8 你希望對方留下的印象：是前一句，還是後一句

順道一提，我有一位認識的醫生朋友，他在跟病人解釋病況不太樂觀時，也會用上這種溝通方法。

三明治溝通法，可以說是以心理學的**「初始效應」**（primacy effect）和**「時近效應」**（recency effect）為基礎的溝通技巧。

前者指的是容易對最先看到的、聽到的留下印象。後者則是容易對最後看到的、聽到的留下印象，進而影響自己的心證。

這兩種效應完全相反，卻告訴我們一個道理：**世間萬物「開頭」和「結尾」最**

為重要。

與人溝通時，練習刻意去使用三明治溝通法，不僅可以讓你把很難說出口的壞消息講出來，更由於你在講之前已經認真思考過，把感情腦切換成了理智腦，所以，在進行危機處理時就不至於手忙腳亂了。

To Do 按照「好聽的→刺耳的→好聽的」把訊息傳達出去

7 強調「不買的損失」比「購買的好處」更有效？

談判要成功，除了說之以理，還要動之以情。說到感情，人的感情有喜、怒、哀、樂、恐懼、不安等種種，要刺激哪一種情緒才能說服成功？這點我們必須先搞清楚才行。

比方說，你是個賣筆的，在推銷的時候你肯定會說：「這筆超好用的，寫再久，手都不會痛，特別推薦給經常做筆記的您。」

你訴求的是買了這支筆的好處，希望藉此引起顧客購買的慾望。

多數人都用訴求「利益」（讓對方開心）的**「正面攻擊法」**，但其實還有更省力的方法。

提醒「損失」，對方更快點頭簽約

訴求「損失」，挑起對方恐懼或不安的推銷法，更能打中客戶的心。

厭惡損失（Loss aversion）在行為經濟學上又稱為**「損失規避」**。**人類在面對同樣數量的收益和損失時，損失會令他們更加難以忍受。**

比起「想賺錢」，「不想賠錢」的恐懼或不安會更加強烈，也會對我們的選擇和行為造成更大的影響。

就舉下面的文案做說明吧！

訴求A：「生還率90％的手術（訴求的是生還的好處）」

訴求B：「死亡率10％的手術（訴求的是死亡的壞處）」

明明是同樣意思的一句話，但A聽起來卻讓人比較放心。為什麼會這樣呢？因為人們對B「可能會死」的「損失」，反應會比較激烈，在他們的感覺裡，死亡率可不是如數字所說的10％，而是高出許多的15％到25％。

兩邊講的都是事實，就看你怎麼呈現它。

生意場上，還可以怎樣運用這種損失規避性呢？請參考以下的例子：

〔案例〕1：營業額的盈虧

訴求A：「導入新系統後，包管營業額會增加10％。」

你訴求的是購買後將獲得的好處（利益）。

那如果反過來，訴求的是不購買將遭逢的損失呢？像這樣：

訴求B：「持續使用目前這個系統，營業額會下降10％。」

你猜，A和B兩種說法，哪一種會引起決策者的興趣？當然是B囉。

再來看看其他的例子：

〔案例〕2：求職面試的受邀機率

訴求A：「登錄這個求職網站，平均會得到20間大企業的面試邀約。」

訴求B：「繼續使用舊的求職網站，平均將損失20間大企業的面試機會。」

〔案例〕3：時間的經濟效益

訴求A：「利用這個時間管理術，24小時會變成27小時。」

訴求B：「舊的時間管理術，會讓你一天白白浪費3個小時。」

以上例子，訴求A著眼的都是好處，但頂多讓對方產生「是喔」的想法吧？但特地強調壞處的B呢，則會勾起對方的擔憂與不安：「咦，不會吧!?」、「怎麼會這樣？」之類的反應。

要讓對方採取行動，與其訴求「這麼做的好處」，不如訴求「不這麼做的壞

處」。把對方討厭、害怕的情緒激發出來，自然他就會有所動作了。

8 我又不是笨蛋！這招對「自視甚高」的人特別有效

現在要介紹的這種談判術，對自視甚高的人特別有效。自視甚高的人絕不允許自己做出「明擺著會吃虧」的選擇。

這套話術的擬定非常簡單：

首先，先把你要推銷的產品或服務，以及對方用了以後會有什麼樣的好處一一寫下來。

然後，再向對方提出如果維持現狀、不選擇你的提案的壞處。你要做的只是把寫下好處變成「寫下壞處」，再當面提出來而已。

要讓對方去做某件事，**與其直接告訴他這樣做的好處，不如讓他去發覺不這樣**

做的壞處，這樣他的行動力肯定會大增。

我有一位朋友是外商保險公司的超級業務，我在幫他模擬推銷話術時，告訴他與其跟客戶分析必須買保險的理由，倒不如引導客戶去想如果沒買保險，萬一發生什麼事要怎麼辦之類的假想。**利用人類「討厭損失」的損失規避性，說服成功的機率會高出許多。**

這也是我經常使用的心理技巧之一，不過，用錯表達方式的話，可能會讓對方覺得你在「威脅」他喔，這點請特別留意。

To Do **擬定話術時，要著眼於「不買的損失」**

8 破冰高手：會做生意的人都很「幽默」

優秀的營業員能清楚區分「搞笑」和「幽默」的差別。在正式談生意前他會閒聊一下，**利用幽默來「破冰」，建立起彼此的親近感**。幽默的定義五花八門，不過，大體上，能見人所不能見，觀察入微，利用獨特的創意和發想，引導對方發出「會心一笑」的知性笑話，便是幽默。

「人緣」即「財源」：幽默感自我檢測

曾經有人做過研究，「幽默感」與「業績」到底有沒有關聯。神奈川大學教授大島希巳江先生，針對人壽保險業務員所做的調查顯示：**業績越好的人，運用或理**

解幽默的能力越高。

各位不妨也做看看下面這10個自我檢測指標，這是根據「美國幽默理論」所設計出來的問題。每項指標都和個人的幽默感有關，答案共分成五個級別，非常符合的給5分，完全不符合的給1分，看你總共能得到幾分。

幽默感評量表

你的人格特質	分數圈選
1 思考有彈性，腦袋不僵化	1 2 3 4 5
2 不怕失敗，勇於挑戰	1 2 3 4 5
3 富有創造力	1 2 3 4 5
4 認為「1＋1＝？」的問題至少有兩個以上的答案	1 2 3 4 5
5 善於團隊合作	1 2 3 4 5
6 理解事物時能很快抓到重點	1 2 3 4 5
7 健康狀態良好	1 2 3 4 5
8 失敗了能馬上站起來	1 2 3 4 5
9 保有赤子之心	1 2 3 4 5
10 正向思考，不怨天尤人	1 2 3 4 5
總計分數：	

※以上測驗得到的總分越高，代表你的幽默感越高

除了要有智慧，還要具有獨特的見解與看法，更要有協調性，樂於與人合作，這個檢測要平均拿到高分恐怕很困難吧？特別是每一樣都「4」分以上的人，恐怕這世上沒有幾個吧？

另類思考，讓你說話更有「梗」

細看前面列出的10個評估指標，你會發現它講求的其實是**冒險精神、團隊合作、良好的理解力和想像力**等這些人格特質。

或許你可以經常揪朋友一起出去玩或旅行，**累積新的經驗，更重要的是打開心窗、放下成見，試著用「和過去不一樣的思考方式」挑戰自己，獲得新發現**，這樣就可以提高自己的幽默感了。

門薩會員很多都很幽默，大概是平日經常進行「批判性思考」的關係，他們在社交、行銷上用的「梗」，總是別出心裁、與眾不同。

我身邊一些很有幽默感的人，都是到處趴趴走的玩咖，他們樂於與人交往，喜歡結識新朋友。

實驗證明，就人際關係而言，跟有幽默感的人在一起，我們的心情也會變得比較愉快。幽默的人身邊自然會有人圍過來，於是，他會遇到更多新的刺激、挑戰，進而啟動「接受挑戰、提升自己幽默感」的良性循環。

諸位如果也想提升自己的幽默感，就找朋友一起去「沒去過的地方」旅行，或是企劃舉辦一場友誼賽之類的，又或者去跟陌生人認識一下，也是不錯的嘗試喔。說不定你因此就往超級營業員邁出了一步呢！

To Do 認識新朋友、累積新經驗，用和過去不一樣的方式思考

9

想獲得有用的情報，先「給」再「取」

一般人在引導對方說出自己想要的情報時，最先想到的都是「奪取」的方式，譬如說直接用問的。

但這樣做是不行的，**在「奪取」之前，我們應該先想：我有什麼可以「給予」對方？**

前者只想到自己：「該怎麼問才能得到答案？」後者則是站在對方的立場去思考：**「要怎麼做，對方才會願意講？」**甚至長遠地想到：「事後對方回想起來，會不會覺得後悔或是不快？」

像這樣，你要從前面文中說過的「聽者」角度切入，綜觀全局、設身處地的為對方著想，這樣對方才會願意說出你想知道的情報。

8 社交必備王牌：感情牌

想獲得情報，這個時候打的還是「感情牌」。**道理有時候並不是最重要的，必須要有「同理心」，才能站在對方的立場為對方著想。**

一般人會採用直接問的**「開門見山法」**，或是一步步提出要求的**「得寸進尺法」（Foot-in-the-door technique，也稱「登門檻效應」）**，去獲得自己想要的情報，然而，對於被問的對方而言，那種感覺就像是被逼到了懸崖邊，心理的壓力可不小。

因為你自我本位，完全不替對方著想，所以，對方自然也就不會推心置腹地把情報透露給你，頂多像擠牙膏似地，問一點、說一點囉。

你獲取情報的方式對對方而言是不公平的，所以，得到的情報也未必有用。**若要讓對方說出你想要的資訊，就要先給對方一些好處，這樣對方才會心甘情願地主**

動說出來。

「先給再取」，這是一般人最能接受的方式，乃是應用「回報性法則」的心理技巧，也就是交易、互惠。

比方說，「你怎麼對我，我就怎麼對你」的情緒任誰都會有，像這樣的感情，就是受到所謂回報性法則的影響。

日本人大都很注重禮尚往來，因此這一招對他們特別有效。

先給再取，看起來好像比較費事，實際上卻是極有效率的方法。

8 千萬不要當「洩密者」與「抓耙子」

舉一個簡單的例子，私下的場合，若有異性直接問你：「家住哪裡」，你肯定會覺得很恐慌吧？

其實他不該那樣問，他可以說：「我住中野，○○小姐妳住哪兒呀？」這樣，反射性地對方自然會回答：「喔，我住在高円寺呀。」

想要從對方嘴裡套出自己想要的情報，請先投以「等同質量的情報」，然後再問。

如果你給的情報價值太低，那換來的也只能是差不多質量的情報，可能得到的跟你想要的會有所落差。

不過，你也不可以因為這樣就不擇手段，把別家公司的重要機密洩漏出去，這樣做的話，只會讓人覺得：「這傢伙的嘴巴不牢，不可以把秘密跟他講。」如此一來，你原本打算獲得有用情報的如意算盤不就落空了？這點必須注意才是。

為求建立信賴關係，有些人會採取「洩漏機密」的做法，但這種交情的建立只是表面的，並不代表對方會有多信任你，反而會怕自己也被你出賣。

To Do 公平交易，先給對方情報，再取你要的

因此，如果要洩密的話，就洩自己的密吧！我會從「自己身上」去找有沒有可以跟對方交換的「等同價值的情報」，用這種方法來取得我想要的情報。

10 最強銷售員的吸客訣竅

一位做生意的天才，被金氏世界紀錄認證為「最成功推銷員」的喬・吉拉德（Joe Girard），一輩子賣出的汽車無數。

為了維持與顧客的關係，吉拉德會持續寄送ＤＭ給顧客。他每個月都會寄出約一萬六千多份的ＤＭ，而其中四分之一的費用全由自己吸收。

一個人一生中換車的次數有限，因此，在下次買車的機會到來之前，**長期維繫住與顧客的關係非常重要**。吉拉德怕久不聯絡，顧客會忘了他，下次買車就不會找他了，所以非常積極的做「持續連繫」的動作。

我一直都在：和顧客持續保持接觸

有一種心理技巧叫做**「單純接觸效應」**（mere exposure effect），指的是**隨著接觸的次數越是頻繁，對方就越容易對你產生好感**。

電視廣告之所以反覆播放，運用的也是這樣的技巧。

反過來說，訂閱人數超過100萬人的YouTuber，每天都要上傳更新的內容，不也是出於**「接觸頻率減少」將使「粉絲流失」**的危機感嗎？

喬．吉拉德在他所寫的《我的名字叫Money——全世界最偉大的銷售員》（How to Sell Anything to Anybody）一書中提到，要維繫住與顧客的關係，有以下3個方法：

方法①▸▸▸**直接碰面**（這個效果最好）

方法②▸▸▸**打電話**

方法③▸▸▸**寫信**

「業務是用腳走出來的」，雖然有電視廣告不是很贊同這種做法，但站在心理學的角度來說，**「頻頻出現在重要顧客面前」是再正確不過的做法**（參考P.195：賽瓊克法則）。

但是，**只是增加曝光的次數還不夠，除了「量」，還要有「質」才行**，否則你們的接觸、碰面就沒有意義。

因此，吉拉德每個月發送的，絕對不會只是汽車的宣傳DM。廣告的部分只占一點點，他會在DM上寫些個人的問候語，關心一下對方的近況和家人。

讓人需要時「第一個想到你」

要像喬．吉拉德那樣，把這些維繫全部做足了是很困難的，但至少你可以一個禮拜使用一次e-mail或Line，**把「不是推銷自己產品」而是「對顧客有益的訊息」發送到群組裡**，從最簡單的開始做起。

成交的重點在於「維繫住與顧客的關係」，如果你沒辦法持之以恆的話，那前面的努力就白費了。

先從簡單的開始做起，然後循序漸進，慢慢地擴充內容的質與量，把它變成每天的例行公事就對了。

喬·吉拉德不是很贊同用寫信的方式與顧客維繫關係，但能像他這樣每個月發送大量DM的人，世上能有幾個？不管怎麼說，寫信總比「什麼都不做」要來得好。

開始這樣做吧，每個月發送DM給重要的幾十個客戶，並和特別重要的幾個客戶約會碰面，用自己的方式維繫住與客戶的關係，希望你能因此掌握住商機，業績蒸蒸日上呀！

To Do 定期發送有用的情報給客戶

11 讓對方印象深刻的「超級名片」

前面講到的銷售天才喬．吉拉德，在他所寫的書中曾經說道：爭取顧客上門的方法有很多種，每一種都很重要，但如果你硬要我選一種的話，我會選擇「名片」。

在文宣EDM放上「大頭照」

我所說的名片，不是那種公司幫你印的，名字擺放在角落，看起來一點都不顯眼的制式名片。**我的名片絕對是「私人訂製」的，專屬我一人使用，我甚至會把「大頭照」也放上去。**

喬・吉拉德會把「自己的名片」和「公司的名片」分開，每個禮拜他都會把「自己的名片」分送給５００個人，每天得拜訪71位客戶，也只有天才銷售員才有這架式。這麼多名片恐怕是要到足球場上，趁氣氛最嗨的時候，像紙花一樣撒出去才發得完吧？

如果你說每個禮拜發出５００張名片你做不到，但弄個自己專屬的、有大頭照的名片總沒問題吧？不像這位銷售天才認真經營形象，日本上班族對名片講究的很少。大多數人用的都是公司配給的、不會讓人有任何驚喜的制式名片。

瞄準客戶三種感官形象

特別是做業務的，如果也這樣忽視名片的話就太危險了，**除了公司的名片，最好要有自己印製的名片。**而且，你遞出的名片必須**瞄準客戶的三種感官**，讓對方對你留下深刻的印象才行。

感官①觸覺——好質感提升評價

印名片的紙最好是厚實的、有重量感的。為什麼呢？因為人對厚實、有重量的東西，給的評價會比較高。

有一個心理學的實驗，針對在路上走的行人，隨機遞出裝在厚重資料夾和輕薄資料夾裡的個人履歷，然後要他們對履歷上的人物給個評價。雖然履歷的內容都一樣，但裝在厚重資料夾裡的那份，得到的評價卻比較高。

名片用厚實、有份量的紙來印製，可以藉由觸覺，提高你個人的價值感喔。

感官②嗅覺——帶香味強化記憶

用有香味名片的人並不多見。**香味直接刺激的是大腦的記憶區塊，所以，如果**

名片上有香味的話，會讓人更容易記住你。

若是直接把香水或精油噴在名片上，會讓名片油油的、髒髒的，建議不妨使用「香水紙卡」來印製名片，或是把名片放入裝有香氛的名片夾裡。

再者，你也可以讓名片散發自己慣用的香水味，然後在交換名片的時候說：「其實我噴的就是這款香水」，讓對方對香味產生印象，這樣下次他再聞到這味道時，自然就會想起你了。

感官③視覺——寫些不一樣的資訊

名片上的資訊最好不要太多，不過，把自己的興趣或出生地寫上去倒是可行的方式。

這樣做是為了找出與對方的共同點。

心理學實驗顯示：**雙方擁有「共同點」的話，談判成功的機率會高出兩**

To Do 隨身必帶兩種名片：公司的名片＋自己的名片

倍。而你所提示的共同點越具體、越獨特越好。

按照①～③的原則，在自己的名片上下功夫，會讓顧客對你的印象一下子高出許多喔。

|本|章|重|點|整|理|

・Note 4・

高智能鍛鍊筆記

・要讓別人把你的話聽進去，「理解對方」乃先決條件。

・批評對方的意見之前，先「肯定對方的付出」。

・從讓人一頭霧水的「結論說起」，引起對方的注意力。

・希望對方怎麼做，不要由你來說，要想辦法「讓對方自己說出口」。

・「好的」、「壞的」優缺點都要講，這樣才能贏得對方的信任。

・用「三明治溝通法」，壞話的前後夾雜著好話，自可消除對方的負面印象。

| 本 | 章 | 重 | 點 | 整 | 理 |

・Note 4・

高智能鍛鍊筆記

・推銷時與其訴求「購買的好處」，不如訴求「不買的損失」來得有效。

・累積新鮮、刺激的體驗，可以增加「幽默感」，使你變得更有人緣。

・情報講求的是「公平交換」。要從對方嘴裡套出有用的情報，必須先給予同等價值的情報。

・不想斷了人脈，就要定期「保持聯繫」才行。

・根據心理學的理論，製作「自己專屬」的名片。

第五章
讓對方照你心意行動的 9個人際高招

希望別人點頭、說OK，很困難嗎？人都有自我防禦的習慣，尤其是彼此原本陌生的關係，你想用「開門見山」、「直闖虎穴」、「得寸進尺」之計是不可能成功的，對方的牆只會越築越高，門鎖越來越多。如何令人喜歡你？別人的底線在哪裡？如何讓對方覺得你和他有共同點？如何使自己有魅力，讓對方想聽你說話？**人際之間「破冰」、「打底」的工作十分重要，後續進攻更要巧妙選擇技巧、拿捏節奏。**當你終於打掉彼此間的高牆，離成功更接近了一點，請務必仔細思考：你「憑什麼」？該給對方什麼回饋？如何讓客戶願意買單、下屬願意為你效力？舉凡征服人心的各種難題，本章皆提出最佳破解之道與應用實例，一定要仔細閱讀。

① 切勿模仿對方的動作

「鏡像模仿」（mirroring）是神經語言程式學（NLP）的技巧之一。「藉由模仿對方的肢體語言，建立彼此的信賴感。」心理學的書經常這樣介紹它。

這樣講並沒有錯，確實有心理實驗證明，鏡像模仿有助於博取他人的好感。

不過，模仿的「技巧」高不高明至關重要。初學者千萬別隨便使用鏡像模仿這一招，為什麼呢？因為被對方識破：「他好像在模仿我」的機率非常高。

大喇喇的「猴戲」VS催眠大師的「神技」

一旦被對方發覺你在模仿他，他肯定會覺得不舒服，因為他不知道你為什麼要模仿他，還以為你是故意嘲諷什麼的。

請試著想像一下：你拿起酒杯喝酒，對方也拿起酒杯喝酒；你手托著下巴，對方也手托著下巴。

對於被模仿的人而言，他鐵定會覺得哪裡怪怪的，心裡感覺不安，甚至生氣、討厭你。

所以，心理學的書上會說：「重點在於**模仿時不要被對方識破**。」但是，要怎樣才不會被對方識破卻往往沒講清楚。

被譽為「現代催眠之父」的神經科醫師——米爾頓・艾瑞克森（Milton Hyland Erickson）治癒了很多患者的心理疾病。

艾瑞克森博士也會使用鏡像模仿的技巧，但他的鏡像模仿跟一般書裡介紹的、單純的動作模仿完全不同，他的段數可要高出太多了。

藉由模仿患者的肌肉活動，包含細緻的眨眼睛或是呼吸，他建立起醫病之間彼此的信賴關係。

要像艾瑞克森博士那樣：**配合對方的頻率，使肌肉做出細微的動作卻又不被發現**，基本上是不可能的吧？這麼高段的技法，確實沒有幾個人做得到。

複製「細節」，讓你成為他的「自己人」

一般人，平凡的我們，要怎樣把鏡像模仿運用在自己的人際關係呢？辦法就是**不要模仿「動作」，改模仿其他「小細節」**。

你可以模仿對方「講話的速度」、「表情」、「姿勢」、「呼吸」、「口頭禪」等。而其中**「說話的速度」和「表情」，是我最推薦的鏡像模仿項目。**

「說話的速度，代表你思考的速度」，這句話說的沒錯，**「配合對方講話的步調」**，不但可以讓對方比較容易理解你想說的話，也能安心地聽你把話講下去。

這個時候，如果還能**「配合對方的表情」**就更好了。做出和對方相同的表情，代表你跟他同仇敵愾，會讓他對你更有認同感。因為這意味著「我也有同感」、「我支持你」的意思。

「配合對方的呼吸」也有不錯的效果。不過，要像催眠大師那樣，連對方肩膀的顫動、腹部的起伏都要關注到，並抓準截斷談話的時機，確實挺困難的，這需要經常練習才行。

若要應用鏡像模仿，建議不妨從模仿「講話速度」或「表情」開始做起。但這並不代表動作的模仿完全沒有意義，**要「模仿動作」的話，等你贏得對方的信任，確定建立起信賴感之後再說。**

若彼此有了互信，對方也會在不知不覺中做出跟你一樣的動作。這個時候，再來談生意或是商量重要的事，自然就容易成功了。

To Do 模仿對方的說話速度、表情和呼吸

② 好感加分，對話的「6：4」黃金比例

能很快和別人建立起信賴關係的人，通常都深諳「對話的黃金比例」，更會在無意識的情況下，養成與人對話都如此進行的習慣。

這個黃金比例為「6：4」，也就是**一場對話中，自己講的話占6成，對方講的話占4成，這樣是最完美的**。若能做到這一點，符合這個比例原則來展開對話，不管是對方對你的好感度，或是他個人的滿足度，都能發揮到最極致。

絕對不要為了加深對方的印象而「自己一直講」，但也不要為了禮讓對方而「自己都不講」，過與不及都是不對的。

「乒乓式對話」勝過滔滔雄辯

每次我自我介紹說是門薩會員時，經常有人會這樣反應：「天才講話是不是都滔滔不絕的，一旦開始講就停不下來？」

的確，門薩會員裡確實有人講起話來滔滔不絕，那是因為他的「說話速度」配合他「腦筋轉動速度」的緣故。

很多人都只顧著自說自話，也不管談話的目的其實是為了說服對方。這種人一旦開始講話就停不下來，為什麼呢？因為當他暢所欲言的時候，腦袋會釋放出一種類似性行為時的快樂物質，那感覺太美妙了，讓他不由自主地、無法控制地一直講下去。

順道一提，我要是逼不得已，非跟這種人打交道的時候，都會先心理建設：

「想必他腦袋裡的快樂荷爾蒙正大量釋放，所以他才會那麼嗨吧？」然後，用比較包容的眼光去看待這種人。

相反的，門薩會員裡，**成就越高的人，越是擅長引導對方把真心話講出來。**

「你對○○有何看法？」

等對方講出答案後，他會接著說：

「哦，這樣想也挺有意思的。不瞞你說，還有另一種看法……」

像這樣，**不要只是單方面都你講或都我講，而是要「有問有答」、「有來有往」的對話才好。**

話多、話少？影響你的人格魅力

心理學上已經證實，有來有往的對話方式：**提問↓對方回答↓說出自己的看**

法，確實有助於增加自己的人格魅力。

根據「人格魅力」與個人「說話比重」的相關性調查，**不管是說的太多，或說的太少，都會減低自己的人格魅力。**

而且加上比例控制，**自己講的占總體談話比例的「6成」是最剛好的。**換句話說，**你要比對方多講一點，這樣做最能提升你的魅力。**

「提問↓對方回答↓說出自己的看法」的對話方式，確實有它的道理，不是隨便說說的。

不過，自己心中已經有答案了還去問別人，還要等到對方回答後，才能說出正確的答案，這可是需要忍耐力的。一旦你忍不住中途插話了，可能對方就不願意說下去了。

所以，這看似簡單，其實做起來有不少技巧要注意。

有一位家喻戶曉的人物就做到了這一點，他就是以《正義：一場思辨之旅》

（JUSTICE：What's the Right Thing to Do）一書而聞名於世的邁可・桑德爾（Michael Sandel）。桑德爾教授在課堂上向學生提問時，都會等學生回答後，他再加以解釋，並交換自己的意見與看法。

要想提升自己的魅力，同時把自己的想法傳達給對方知道，那就不要講的比對方多太多。

「先問對方」，這是一個讓對方感受到「被尊重」的絕招。

To Do　提問→等對方回答→再陳述自己的意見與看法

3 讓對方做好「專心聽你說話」的準備

「天才講話的速度都很快」，有這種感覺的人好像還挺多的。是啦，門薩會員裡確實不乏講話速度快的人。

人類「說話的速度」基本上是配合他「思考的速度」。所以，腦筋動得快的人，通常講話的速度也快。

當我們**講話速度很快的時候，我們的「自覺」是不存在的**，我們的自覺跑去「思考旅行」去了。因此，不管對方臉上出現了何種表情，我們只會自顧自地一直說下去。

在日本，我們都有學過：**要讓對方聽懂你的話，講話速度必須「放慢」**。所以說，講話速度越慢就越好嗎？那也未必。

「說話速度」和「思考速度」最佳調控

用類似「非機能思考」（DTR）（參照P.127）的技巧，**講話速度快一點，可以讓聽的人豎起耳朵專心聽你講話。**

聽的人會一邊聽，一邊預測談話發展的方向。如果「你講話的速度」比他「思考的速度」還要慢的話，聽的人因為已經猜到你要講什麼了，他也就沒辦法專注在你們的談話上，意識會跑到別的地方去而分心了。

人類的大腦不擅長同時做好幾份工，沒辦法「一心多用」，所以聽的人會好像在聽你講話，實際上他根本沒聽進去。

因此，講話速度快一點也有好處，可以讓聽的人必須集中精神才有辦法聽懂，自然他就會用心地專心聽你講話了。

總之，**想讓別人專心聽你說話，「講話的速度」要比「對方思考的速度」稍微**

快一點。判斷方法是：大多數人的思考速度和說話速度是成正比的，所以，**你比他講話快一點就行了**。

說話快，是「太聰明」還是「不用腦」!?

門薩會員之一的A先生，以私人顧問的身分活躍於業界，他講話的速度非常快，但他用的方式卻能讓對方一聽就懂。他講話的速度大概是一般人的兩倍，**不過，他把每個步驟都分得很細，短時間內的講話內容也都十分具體**。

因為他講得快卻容易懂，所以聽他說話的人，每每都會有「這個人不簡單」的印象。

不過，和這種人說話，要配合他的講話速度，「聽」沒有問題，輪到你自己說時可吃力了。

我自己的經驗是：收看YouTube影片或電視節目時，會採用快轉方式的人，腦子思維跑得快，通常講話速度也比較快。不過，也有的人講話速度快是快，思考程度卻很淺薄。因此，平常看片習慣快轉的人，究竟是太聰明，還是不怎麼用腦？這點也必須細細地去觀察才能分辨。

說到會本能地加快講話速度，藉此讓對方提高注意力的人，非筑波大學的準教授、媒體藝術家落合陽一先生莫屬。收看、收聽他的訪談節目或廣播節目後，我發現他展開話題的節奏相當快，對方必須全神貫注才跟得上來。

「你的講話速度」比「對方思考的速度」稍微快一點，確實有讓對方集中注意力的效果。

「天才講話的速度很快」，有這種刻板印象的人好像還挺多的。所以，如果**你想表現出自己是個「很能幹」的人，也可以利用這一點，讓「說話快」替你背書喔。**

To Do 保持說話速度比對方快一點

4 利用「差別待遇」製造好人緣

活躍於政治界或演藝圈，受眾人愛戴、信賴、景仰的人，通常都是有人望、人緣很好的人。

他們的共通點是經常**「讓對方覺得自己很重要」**。

誰都希望自己人緣好、有號召力。大多數人用的方法是去「討好別人」，對誰都和顏悅色，但這樣真的會讓人喜歡你嗎？

見人說人話，見鬼真能說鬼話嗎？

人類從經驗上得知，**我們會覺得跟自己有相同想法的人是「自己人」**，因此會刻意表現出我站在你這邊、我挺你的樣子。

短期間這樣做或許有效，但**對誰都和顏悅色、八面玲瓏，久而久之，會讓人覺得你不夠真誠，虛情假意**。

所以，千萬不能短視近利，只看眼前的好處，小心偷雞不著蝕把米呀！

事實上，**讓對方覺得他很重要，能讓你贏得人望**，這點在心理學上是站得住腳的。去分析人緣好的人就會發現，那些「讓對方覺得自己很重要的人」，往往能得到周遭眾人的支持。

人緣好的人會想得比較深遠，為了讓對方覺得他很重要，這些人氣高手會用以下的方式與對方溝通交流：

① **一定記住對方的名字**（碰面時會先喊出對方的名字）

② **上次講了什麼他全記得**（碰面時再次提起上回的話題）

③ **從對方在社群網站的留言找話題**（時時檢視社群網站上的訊息）

④說話時一定**看著對方的眼睛**，並專心聽對方講話

⑤找出對方的**優點（不是外表，而是內涵）**，大大誇讚一番

⑥「真有你的！」「就是說啊！」「天才！」「太酷了！」**回應對方時絕對不隨便敷衍，表情、聲音都要做足**

⑦「我想借助〇〇先生／小姐（確實指出對方的姓名）的長才，你可不可以幫幫我？」**誠懇的半低姿態**

⑧「〇〇先生／小姐的一票將左右這個國家的未來。」**突顯對方的重要性**

以上8個技巧是非常實用的社交絕招，一定要學起來！

8 捧人不嫌肉麻：記者式採訪＋粉絲式按讚

如何讓對方覺得自己很重要？我採取的方法是**「先找出3個問題來問他」**。

當人們被問問題時，會覺得對方是對自己感興趣才會來問他的。

當然，問問題的人也真的要對對方感興趣才行，所以，這個時候觀察力就很重要了。

鍛鍊你的「提問能力」，知道怎麼問、問對問題，這樣你在與人溝通時，自然就能無往不利了。

不過，能做到這點的人真是少之又少。為什麼呢？因為，我們的「自尊心」都太高了。

自尊心高的人，通常都沒什麼自信，連去肯定對方都做不到。為了讓對方覺得他自己很重要，我們必須去讚美、拜託對方，但自尊心高的人，會覺得這樣做就是在貶低自己，承認自己的能力比對方差。

再者，人類有所謂的「被認可欲求」，**與其去注意別人，我們更希望得到別人的關注。**

人緣好的人，他們之所以能夠大大方方地承認對方的價值或重要性，那是因為他知道**自己的努力或能力，並不會因為肯定對方就被磨滅了。**

俗話說得好：「宰相肚裡能撐船。」欲成大事者，必須有那樣寬闊的胸襟才行。

「發自內心地讚美別人」，或是「記住對方的名字」，下次碰面時，自己先跟對方打招呼，就從這些簡單的技巧開始做起，如何？

To Do 以關注姿態問對方三個問題

---

5 「不怕曝露自己缺點」的人更受信賴

「○○，我做不到。」**越聰明的人，往往越懂得揭示自己的弱點，更不會避談自己的失敗。**

他們絕對不會去扮演世人所期待的、完美無缺的聖人。

愛因斯坦就曾留下這麼一句名言：

「接受自己的不完美，讓它變成你的特色」。

愛因斯坦會在「自我包裝」（self-branding，打造個人品牌）上發表看法，這點讓我意外的，不過，就連他也不會刻意隱藏自己的缺點。

「不完美」使你變得親切可人

各位肯定看過某藝人或某名人在公開場合，比方說參加電視訪談的節目，自己爆自己的料吧？這個時候，你心裡會想：「原來他也沒有那麼厲害嘛！」瞬間，你對他產生了親切感，感覺對方不再那麼高不可攀了，是不是？

事實上，**「自曝其短」確實能拉近你與對方的距離，達到快速建立彼此信賴關係的效果。**

得知對方的弱點，會讓你們的「心理距離」拉近，你會覺得「原來他跟我一樣有缺點」，就此把他當作「自己人」。心理學上把這種類似小圈子的概念叫做「內團體」，比起其他團體（心理學稱之為「外集團」）的人，內團體的成員會互相偏坦，覺得自己人比較有價值，這現象被稱為**「內團體偏私」或「團體間偏差」**（ingroup bias）。

再者，**若能擁有「跟對方相同的缺點或毛病」，效果會更好。**

自律甚嚴的天才突然跑來跟你招認：「老實說，我最近都起不來。」或是：

「不知為什麼，我最近超喜歡吃麥當勞的起司漢堡。」你是不是一下子覺得他親切許多了？

主管「示弱」，下屬更相挺

上司與部屬之間有一道看不見的「牆」，上司若肯自曝其短、講講自己的失敗經驗談，這道牆就很容易打掉。

要注意的一個風險是：把牆打掉，這對平庸的上司而言可能沒啥好處，只會讓他更顯平庸而已。

但是，若你是那種會讓部屬覺得「太優秀了，不敢親近」的上司，或是「太要求完美了，好可怕」的上司的話，那不妨趁部屬們不太忙的時候示弱一下：「老實說，〇〇我不會呀，可以教我嗎？」這樣很快就可以建立起你與部屬的親近感。

自曝其短，重點在讓別人看見你的缺點。問題是「要怎樣讓別人看到」？這個技巧頗值得研究。

像我經常被別人問到這樣的問題：「你IQ這麼高，人生應該一帆風順吧？」

這個時候，我可以回答：「哪裡，不過努力動一動腦的話，還是混得下去的。」也可以回答：「不瞞你說，我經常因為打破砂鍋問到底而惹人嫌呢！」你想，肯定是後者的回答比較令人喜歡吧？（雖然前者只是有點臭屁，還故意用半開玩笑的語氣說話，但親切感仍不如後者。）

這跟很會跳舞、你以為他運動神經很好的傑尼斯偶像，自曝本人是運動白癡的道理是一樣的。這樣做反而會讓你覺得他「好可愛！」粉絲人數瞬間增加了。

「賽瓊克法則」感情深化三部曲

示人以弱，有助於提升對方對你的好感，這跟心理學「賽瓊克法則」的邏輯是相符的。

賽瓊克法則指出人際親疏感的三階段現象：

青澀①➤面對「陌生人」，我們的態度是冷淡的、防衛心重的。

初熟②➤見面的「次數越多」，我們越容易對對方產生好感。

親近③➤看到對方「人性化」的一面，會加深我們對他的情感。

沒錯，就像③所說的，比起不食人間煙火的天才，我們更愛有血有淚、不美完的天才，對吧？

電影裡的超級英雄絕對不是無敵的，他也有吃鱉、落敗的時候，這樣你才會支持他，想要幫他加油打氣。

雖然直到現在，世人仍在期待完美無缺的天才出現，但勇於示弱，活出「最真實自己」的人，應該會讓人覺得更有魅力吧？

To Do　適時分享自己的「吃鱉衰事」

6 「恐嚇」不會使人行動，但「期待」可以

聽到「調教」這兩個字，許多人肯定會想到讓對方覺得恐懼與不安，藉此改變他的思想或行為的方法吧？

碰到不聽話的部屬，上司大發雷霆、大聲斥責，試圖改變他的行為，這就很接近我們所謂的調教。

確實，多數人以為的調教，都是施予壓力，像為了引起周遭人的注意，大喊：「危險，趕快離開！」把人群驅散，也屬於調教的一種。

但在職場上，讓部屬心生恐懼，用這種方法來操控他們，只會讓部屬喪失了自我肯定感，不敢接受挑戰。

「壓力」會讓部屬的腦袋僵化、思考打結，降低他們的工作生產力，帶來的只

有壞處。

「公開」讚美對方，並說「我相信你能……」

想提振士氣，並讓對方心悅誠服，用恐嚇、命令、威脅的招式行不通，只會激起對方與你對立的情緒。不想這種狀況發生的話，就要**在對話中自然不造作地把「希望對方怎麼做」的期望穿插進去**。

這裡我們就舉門薩會員B和C當例子吧。B看到C為了改變自己所做的努力，覺得很感動。於是，他每次看到C或是有適當機會的時候，就不忘稱讚他一番，並說出自己對他的期望，結果C真的徹頭徹尾地改變了。

B是刻意這麼做的，他刻意引導C朝自己希望的方向行動，這裡面運用了很多心理技巧。

有一次，B看到C在社群網站上的貼文，直接就在下面的留言區公開發表說：「我不認為你會這樣做，我百分之百相信你是〇〇（他所期待的C）的人。」

一般人通常只會「別這樣！」或「你有毛病吧!?」之類的責罵兩聲就完了。說真的，這樣的留言和回應還挺多的。不過，收到這種留言的人，心靈肯定會受傷吧？出於保護自己的本能，他會反彈地說：「你們懂什麼！」

今天如果是你把工作上的牢騷拿到社群網站上講，看到這些貼文的同事規勸你說：「不要在社群網站上抱怨公司的事！」這時被勸的你肯定會想要反駁：「換作是你，你會什麼都不講嗎？」

可是看看人家B先生，他把對C的期待：「希望他怎麼做」也講出來了，不是只有斥責而已。

技巧的重點是，B沒有命令C，規定他「你一定要〇〇做！」而是讓C變成是自願的、自動的去做。

「比馬龍效應」和「回饋制約」

前面講的那個例子，如果把留言改成：「不要在社群網站上抱怨公司的事！你的EQ那麼高，我相信沒有你搞不定的人。」結果會怎麼樣呢？

可能當事人心裡還是會有反彈吧？但至少會收斂一點了，是不是？

B是否有意為之，我不知道，但他應用了被稱為**「比馬龍效應」（Pygmalion effect）的心理技巧，當人被賦予更高的期望後，他們會表現得更好**。實驗證明，這樣做確實有助於提升學生的成績。

當然，當C照B所期望的去做之後，B要不忘鼓勵、稱讚他：「我就知道你一定做得到！」、「謝謝你！」之類的。

「他這麼做是應該的，幹嘛誇獎他？」很多人會這樣想，但**「當對方做對了就給予獎賞」的回饋，是讓對方把這樣的行為固定下來的重要工具**。

這個技巧被稱為**「操作制約」（operant conditioning）。尤其是在稱讚時，你不要私底下跟他講，要「當著眾人的面」稱讚他**，比如說在大家都看得到的社群網站上留言，效果會更好。

B用的方法不是威脅、恐嚇的調教。他先是誇獎C，讓C為了得到更多人的稱讚，而自發性地做出他所期望的行為。

這方法看似簡單，卻是環環相扣，不但要預測對方的行為，還要有忍耐力和成熟的心態才行。

雖說不是易如反掌，但「比馬龍效應」和「回饋制約」確實是激勵人的好方法。

To Do 告訴對方你的期待，並公開誇獎他

⑦ 不要只看「結果」，「過程」也要稱讚

優秀的上司會在「褒獎人的方法」上下功夫，他會給部屬洗腦，讓他們再接再厲地朝正確的方向前進。

這個時候，重點在於**除了褒獎「成果」外，連「過程」也要一起稱讚**。

不僅是上司，深諳激勵技巧的人，都會連過程也一起稱讚。

只可惜大多數的人都是只看結果，不看過程。

弄懂Why，褒獎要正中下懷

舉例來說，像「這次的簡報做得很棒！」或「不愧是東大的，頭腦真好！」之

類的，就是只稱讚「結果」。「不枉你私底下演練了那麼多次，這次的簡報太棒了。」或「你平常就很用功吧？所以才能考上東大。」之類的話，就是連「過程」也一起稱讚。

大多數人都做不到連過程也一起稱讚，那是因為他們「不懂」對方為了得到這樣的結果，經歷了怎樣的過程。因此，他們只能就眼前看到的、顯而易見的「What？（結果）」表示讚許。

這個時候，經常用腦的人就會仔細觀察，這樣的「What（結果）」是如何產生的，把「Why（過程）」也找出來，釐清過程與結果的關係後，再進一步加以稱讚，這才是真正會稱讚人的高手。

8 讓下屬信心大振、不斷努力的激勵技巧

事實上，**連過程也一起稱讚，確實能讓對方再接再厲，進步得更快。**

曾有人做過實驗，把參加智力測驗的人分作兩組，一組在發表成績的時候，跟他們說：「你真聰明」，只稱讚結果。另一組則說：「你的思慮很周全」，連過程也一起稱讚。結果，下次再有難度更高的智力測驗出現時，後面那組的人會更有挑戰的意願。

前面那組人就算再給他們一次機會，他們也不願意挑戰，那是因為害怕「會不會有我不會的問題？」或「問題可能比我想像的難上許多。」因此，為了保持現有的成果——被讚賞的「高智商成績」，他寧願剔除自己無法掌控的外在因素，原地踏步，這樣他才會比較放心。

相反的，被稱讚「思慮很周全」的人，被稱讚的是獲致結果所「付出的努力」，這些全是自己可以掌控的。**他判斷自己應該可以重現、複製對方所稱讚的「過程」，於是，他便有了再次挑戰的意願。**

8 不定期更換「鼓勵方式」

激勵「努力過程」的方式，也適合應用在親子教育上。比方說，孩子英檢2級及格了，與其誇讚他：「太棒了！接下來繼續朝1級邁進！」倒不如跟他說：「太棒了！你每天晚睡30分鐘，犧牲睡眠時間總算有代價了！我們繼續朝1級邁進吧！」用這種方法督促他，效果會好上許多。

小朋友都喜歡被鼓勵，但**每次鼓勵的方法都一樣，聽久了也會膩，所以要不定期更換鼓勵的方法才行**。我們在鼓勵別人之前，**一定要先弄清楚對方獲致這個結果的過程，要鼓勵的於理有據**。如果你能連過程也一起鼓勵，那被鼓勵的人就能再接再厲，也會進步得更快。

人必須不斷地挑戰新事物，才能擴大自己的可能性。只誇獎結果，會讓人不敢離開舒適圈，甚至放棄再度成長的機會，在鼓勵人時不得不注意。

To Do 去了解獲致結果的過程，針對過程好好誇獎

8 上司的工作，在協助部屬建立「自我肯定感」

優秀的上司不僅會管理下屬的工作，更會管理他們的「自我肯定感」。

自我肯定感是相信「自己做得到！」的自信心。當我們自信心不夠時，會不敢挑戰新的事物，甚至連原本的表現也做不到。

「動機管理」是心理學上的重要技巧，把這裡的「動機」改成「自信心」的話，就比較容易懂了。

自我肯定感，不是被口頭稱讚就能獲得的，這得累積多次成功的經驗，才有辦法逐次提升。

分階段達標，做好下屬的自信心管理

優秀的上司往往具有勝不驕、敗不餒，不會患得患失的特質，正因為他對自己的信心很足夠，所以總能屢敗屢戰、越挫越勇。

然而，一般人就不是這樣了。能把上司交付的事做完、不出錯就很不簡單了。當一個人的績效不好，屢屢不能達標時，他的自我肯定感只會每況愈下，淪入惡性循環。

我見過的優秀主管，都自有一套標準作業流程，知道要如何提升部屬的自信心。比方說，他在指派工作給部屬時，會把項目分的很細，並要求他回報說明「進行到哪裡了」。

大多數公司在考核員工績效時，都只會用二分法：「達標」或「不達標」。如果你一開始交付給他的任務太難了，他達不了標，對自己的信心當然就下降了。

不過，若把任務細分成好幾個步驟，讓員工一點一滴地累積成功的經驗：「我完成○○了！」這樣他對自己有信心，工作起來也會更帶勁。

用「便利貼」就能提高績效!?

當然，對一個公司來說「績效」很重要，但我們不要只用達不達標、0分或100分的標準去考核別人，偶爾也可以給個80分或90分啊！這樣部屬的自我肯定感才不會一下子喪失太多。

為了不落入績效管理越嚴，員工的產能反而越低的「惡性循環」，在做績效管理的同時，也請做好員工自我肯定感的管理喔。

便利貼，這個小文具用品有什麼好說的嗎？不過是用來隨筆記些雜事。

其實，優秀主管的團隊都很會使用「便利貼」，做法是：把交代給部屬的工作細分，一一寫在小紙條上，一定要等部屬達成了、完成了手上的這項事務，再給他下一張任務紙條。藉此，讓部屬每完成一張紙條，都能產生「任務達成」的成就感。然後再領取下一張紙條，**用「短打法」集中火力、**

To Do 使用「便利貼」增加效率和成就感

一一完成，**讓自信心快速且多次化的累積。**

不僅如此，優秀的主管不會對每個部屬的要求都一樣，他會視對方的工作專長、人格特質來分派任務，讓團隊的運作井井有條。換句話說，他心裡自有一套SOP。

利用便利貼，你也能寫下鼓勵隊友、感謝部屬、吹捧上司的話，使工作氣氛更融洽。另外，便利貼的尺寸、顏色、格紋有許多選擇，你可以考慮如何運用，幫自己也建立起一套有效率的工作模式。

9 擁有「共同的敵人」，大幅提高向心力

要提高同事或團隊成員之間的向心力，不妨建立「共同的敵人」。

利用「威權」逼大家團結，只能維持表面的和諧，大家並不是真正一條心。每個人心中都各有盤算，著眼的是自己的利益，在不團結的情況下，組織要高效率運轉是不可能的。

學習操控「憤怒、憎恨」的情緒

把同事或團隊成員心中的不滿挖掘出來，把造成這個現象的源頭或始作俑者當作敵人，激發他們的競爭心或敵對心，這樣，大家就會覺得彼此是同一國的，變得

更有凝聚力或向心力了。

換句話說，**擁有「共同的敵人」，產生同仇敵愾的情緒，可以凝聚團隊成員的向心力，讓大家變得更團結。**

找到共同的敵人！善於運用這種心理技巧的天才，非希特勒莫屬。透過演說，希特勒強調：「人民生活之所以不富足的原因，全是猶太人和共產主義者造成的。」因而，他們就變成了全民公敵。

「憤怒」或「憎恨」的情緒能產生很大的能量。於是，希特勒輕而易舉地就把群眾的心凝聚在一起，讓他們的槍口一致對外。為了打倒「共同的敵人」，他說什麼，大家就做什麼。

據說希特勒為了洞悉群眾心理，經常研讀古斯塔夫・勒龐（Gustave le Bon）所著的《群眾心理》（The Psychology of Peoples）。這本書主要以歷史上的群眾運動為借鏡，去分析當時群眾與領導者的心理，並解說其特徵與危險性。

關於樹立共同敵人，藉以號召群眾的做法，書上也有寫到，而希特勒還真的照著做了。

槍口一致，啟動團隊合作

能號召群眾的「天才」，會針對不同人種或文化的群眾，找到他們共同的敵人，並從理性和感性層面去剖析給大家聽：為什麼我們必須仇恨他們？藉此募集到自己的支持者。

因為，就算是天才，一個人的力量也是有限的。

像我在談生意時，就經常使用這個技巧，成交的機率確實會高出許多。

也許你對「敵人」這個詞的觀感不是很好，但結合顧客力量，找出共同敵人的做法，確實能建立彼此的信賴感。比方說，你可以跟客戶說：「要怎樣說服一線人員和最後的決策者呢？」「您今天的不滿是什麼造成的？」這樣客戶會覺得你跟他是一國的，自然就願意跟你合作了。

即使在數十人的團隊舉行活動時（Team Building），使用這樣的技巧，也可以達到不錯的效果。

職場上，要凝聚「公司內部」的向心力，或是讓「外面的客戶、廠商」更挺你，不妨找到彼此共同的敵人。

舉例來說，針對新系統導入的競標案，為了激發團隊成員的競爭心，你痛訴競爭對手的缺點，還有為什麼不該買他們家產品的理由：「這樣的公司，我們能輸給他嗎？」「他們根本沒替客戶著想！」藉此讓團隊成員產生對抗心，自然團隊精神就上來了。

再者，談生意時，若長官在旁邊的話，就表現得很堅持原則：「服務費一分也不能少……」之類的話。不過，等長官不在了，就說：「你也知道，

To Do 把「競爭心」和「敵對心」化為動機

上面的人對金額很計較……，不過，我盡量幫你爭取就是了！」把上司變成你們共同的敵人，藉此建立你與客戶的信賴關係，也是這種技巧的應用之一喔。

當然，**絕對不可以窩裡反，扯自己人後腿。必須事先講好，一個扮黑臉、一個扮白臉，以團隊合作的方式來進行才是。**

｜本｜章｜重｜點｜整｜理｜

·Note 5·

高智能鍛鍊筆記

- 不要模仿對方的動作，要嘛就模仿對方講話的速度和表情細節。
- 自己講6成、對方講4成，這是建立信賴關係的最佳談話比例。
- 對方若走神了，沒專心聽你講，那你就講快一點。
- 八面玲瓏，對誰都和顏悅色的人，不如做自己、對別人感興趣的人更有人緣。
- 願意暴露自己缺點的人，能快速拉近與對方的心理距離。
- 恐嚇不會改變對方的行動，但「期待」可以。
- 稱讚「過程」，對方會更努力，最後的結果會更好。
- 讓部屬報告「做到哪裡了」、「已經完成了什麼」，會讓部屬更想達成目標。
- 想要提高團隊的向心力，不妨建立「共同的敵人」。

一邊虛張聲勢，也要一邊練功！打造自己的真實力

第六章

讓自己「變能幹」的7個心理素質&良好習慣

在現實且充滿競爭的職場，一旦被看穿、被看扁，要再翻身非常困難。**如何讓自己夠強、令人喜歡，裝備自己的「知識」和「態度」是根本之道。**心理學技巧不妨視為人生的「翅膀」，它的功能在幫你飛得更高、飛得更穩。如果你願意先撇除頭銜和身分，很有氣度的承認自己確實有缺點，基本上，相信你的人緣和工作運應該不差。但是要想說服更高端的客戶、拿到更大的訂單，或是想要收編厲害的人才，最終還是要拿出實力，令人心悅誠服。即使你已是某方面的天才，也無法事事都面面俱到，職場、情場難免要吹噓一下自壯聲勢，但要在被看穿之前，好好加強實力，唯有真材實料，才能立足不敗之地！

1 別為「做不到」找理由，要想像自己「做得到」

天才擁有「我做得到、我可以」的自信。心理學把這個叫做**「自我效能」（Self-efficacy）很高。**

當有客戶問我：「○○工作，你能接嗎？」就算我沒做過，我也會回答：「應該可以吧？我試看看。」想辦法把它接下來。

當然，我也會失敗。但基本上，我不認為自己有做不到的事。

絕不懷疑「自我效能」

工作上，當我們想要嘗試新方法時，很多人都會半途而廢，只有三分鐘熱度，那是因為他們自我效能低的緣故。

「每個星期天，把一週的計畫先擬定好。」如果自我效能低，會讓我們連這麼簡單的事都做不到，成天想東想西：「好像有點困難。」、「我之前又沒做過。」之類的推託之詞。

但反觀天才，因為擁有**「這點小事難不倒我」的自信，再困難的任務，他都可以在腦海裡沙盤推演，把它細分成好幾個步驟，直到它變得確實可行為止。**說好聽點，這叫富有挑戰精神，越難做到的事，他越想要做到，不達目的誓不罷休。

順道一提，有門薩會員反應：「自從加入門薩之後，自己的能力好像變強了。」這並不是門薩的入會考試能讓人的能力變強，而是通過入會考試後，「自我效能」提高了，對自己有信心的情況下，那名會員突然變能幹了。

8 「魔鏡催眠」讓你越來越強大！

想要提高自我效能，必須學會跟自己對話。

在此介紹一種名叫**「魔鏡催眠」**（mirror）的自我催眠法。**看著鏡子，對自己說：「你是天才」、「你很優秀」、「你可以的」之類的話。利用這個方法，可逐步提高自我的效能，對自己產生信心。**

自我催眠不僅可以提高自我效能，還能讓我們正視自己的煩惱，學會與煩惱相處。

蘋果的創辦人賈伯斯就曾留下這樣的故事，每天早上他都會對著鏡子說：「如果今天是我生命中的最後一天，我還會想做今天要做的事嗎？」而他的答案總是肯定的。

To Do **看著鏡子，不斷對自己說：「你可以的，你做得到」**

2

參加重要會議前，擺出「自信滿滿」的姿態

我不管是做簡報、上電視、接受訪談或開研討會之前，一定會擺出「充滿自信的姿態」。

再強調一次，**談判要成功，除了說之以理，還要動之以情。**光說服對方的理智是不夠的，還要打動對方的感情才行。**而要打動對方的感情，你的「自信度」是很重要的關鍵。**

你講話時是否充滿自信？

這一點跟你講話的內容一樣重要。

「架式」和「內容」同樣重要

當我們講話沒自信時，就算我們講得再好、再正確，對方也會心生懷疑：「這個人的話可信嗎？」如果他沒辦法乖乖接受你所講的，就會在心裡對你講的話打折扣。因此，言語中展現自信，這一點真的非常重要。

你會問：「擺出充滿自信的姿態就可以了嗎？真的聲音聽起來會比較有自信嗎？」答案是「YES」！

事實上，**擺出雙手叉腰、充滿自信的姿態，確實可以騙過大腦，提升我們的自信心，甚至有刺激競爭本能的效果。**這在社會心理學家柯蒂（Amy Cuddy）的研究中已經得到了證實。

「高力量姿態」和「低力量姿態」

能夠提高自信的姿勢被稱為**「高力量姿態」**（high power pose）。

這道理就像我們刻意微笑，會感到開心、喜悅一樣，究竟是「因為笑而感到開心，還是因為開心才笑？」反正，**只要擺好高力量姿態，就可以增加你的自信**。

相反的，也有所謂的**「低力量姿態」**（low power pose），**彎腰駝背、抱著頭的沒自信姿勢，你可千萬別做**。

出席重要會議或簡報的時候，經常有人會在桌子底下滑手機，這點也是非常不可取的，因為這是在減低自己的自信。

再者，打電話跟客戶賠罪時，有人會一直鞠躬哈腰，因為壓力和缺乏自信，不自覺地就會做出這樣的反應，對吧？

當然，有時要表現出有在反省的姿態，但是吞吞吐吐，說話聲音像蚊子一樣，客戶聽了只會越來越光火吧？

To Do　挺起胸膛，無論何時都不要低著頭

順道一提，我最近正在調查：讓在金融機構上班的人，每天早上花兩分鐘的時間做「高力量姿態」的練習，看看對他們的幹勁、專注力、生產力有什麼影響。

數據顯示，**3個月後，他們的專注力從72%提高到92%，生產力則從64%提高到86%**，可見效果有多驚人。

3 達成率100%的目標設定法

為了讓自己更好、更進步，我們必須養成新的習慣，但大多數人都是一個月就放棄，無法堅持到底，對吧？

比方說，規定自己一個月至少要讀一本有關商業的書，那是因為看到成功者說他每個禮拜都會讀一本書，所以才決定這麼做。但是，通常這種操作都會失敗。為什麼呢？因為我們給自己設定的目標（心理門檻）太高了，變成了壓力，讓我們想要逃避。

心理學上有所謂的**「金髮姑娘法則」**（Goldilocks principle）。

它講的是**不管「太簡單」或「太困難」的目標，都引不起人類的動機，只有「剛剛好」的目標，才能讓人想要堅持下去。**

「能力×2倍」為最佳目標設定值

想要維持「動力」，就要設定「難易度適中」的目標。

那麼，要怎樣才能把目標設定的剛剛好呢？有一個具體推算的方法，那就是「能力乘以2倍」。

心理學者約翰・威廉・阿特金森（John William Atkinson）曾做過「目標難易度」與「人類動機」的研究。研究顯示，「能力×2倍」即為達成率50％的目標，既不會太簡單，也不會太困難，一半一半的成功率，最容易維持動機，讓人想要繼續做下去。

比方說，原本「每個月都會讀一本書」，已經有這個習慣的人，如果想設定比較高的目標，那就規定自己「每個月讀兩本書」是最適合的。因為平常每個月都會讀一本書了，再追加一本，達成率至少也有50％，換句話說，還沒開始就已經成功了一半。

對外宣告：進步神速的「螺旋狀」成長法

工作也是一樣的道理，如果平均一個月可以拿到10張訂單，那不妨提高目標，規定自己這個月要拿到20張訂單。

如果把目標設定在15張訂單的話，似乎沒什麼挑戰性，但30張訂單的話，又會覺得自己做不到，反而會減低達成的欲望和責任感，對吧？

把自己想設定的目標對周圍的人說出來，利用「承諾和一致性法則」（參照P.133），**親口許下對目標的承諾，也能讓目標更容易達成喔。**

當然，請定期檢視你所設定的目標。

如果達成率一直可以維持在50％以上的話，那表示你還有進步的空間，現在的目標對你來說，太容易了。

因此，不妨把目前可以做到的成績乘以2，作為你的新目標去執行它。每達成一次，就再乘以2。

這樣做會形成「成長螺旋」，幾個月後，你會發現你比剛開始時進步太多了，能達成更大的目標。

不要一開始就設定太難的目標，要循序漸進，從適當的目標開始設定起，逐漸加高你能接受的心理門檻，這才是最棒的目標設定和達成方法。

To Do　以「目前的能力×2倍」來設定目標

4 不管是誰都能馬上「提起幹勁」的方法

討厭、棘手的工作接二連三地到來，必須馬上處理才行，但是你卻從簡單的開始做起，或是選擇逃避：「等一下再說吧！我先看看社群網站上有沒有人留言。」你想結果會如何呢？

如果我沒猜錯的話，你會把自己搞得很狼狽，被工作追著跑不說，完成度還很低，對吧？

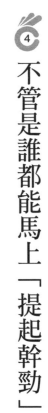

準備一份讓大腦開心的禮物

遇到困難的事、卡關的瓶頸，逃避的心情油然而生，但心知肚明不面對不行，此時，任誰都會想問：「要怎樣才能啟動『幹勁』的開關、打起精神來呢？」

話說，運動員只要一站上起跑點，就能打起十二萬分的精神來，全力以赴。

在他們身上確實有所謂「幹勁」的開關，但卻不是與生俱來的。

運動員曾無數次站在起跑點上，這讓他只要一站上那裡，就會不自覺地啟動幹勁的開關。

「要是我也有『幹勁的開關』，就可以好好工作了……」這種事光想是沒有用的，不過，倒是有個方法，可以讓你改掉「拖延」的壞習慣。

那就是**準備好讓大腦開心的禮物。在開始工作之前，先準備好要給自己的禮物**，比如說「看一節YouTube」或是「吃一塊巧克力」，一旦工作結束、目標達成，就馬上給自己獎賞。

比較花時間的工作，不妨把它「細分成好幾個步驟」，每完成一個步驟，就給自己一個獎勵。

人類能夠維持高度專注力的時間大概就25～40分鐘，盡量把工作細分成在這個時間內可以完成的份量，達成了就給予獎賞。給自己的獎勵和前述給別人的類似，可以分成「金錢的報酬」和「精神的報酬」兩種。

金錢的報酬指的是「實際的財物報酬」，譬如說：「專心工作25分鐘後，就可以買一個甜點來吃。」這便是給自己金錢的報酬。

另一方面，精神的報酬則是讓你在精神上有爽快的感覺，譬如說：「只要把這個問題解決了，上司肯定會誇獎我。」這就是精神的報酬。

天才之所以勇於冒險、挑戰，恐怕也是因為：「我想解決這個問題！問題解決後的快感讓人爽翻天。」這種精神報酬太過誘人的緣故吧？

像我的話，精神報酬對我最為有用。

金錢的報酬不像精神的報酬那麼即時、馬上就能感覺得到，所以，要讓大腦滿意的話，還是精神報酬為佳。

「番茄鐘工作法」短打創造高效率

準備好讓大腦開心的禮物，並結合可以保持高度專注力的**「番茄鐘工作法」**（Pomodora Technique），包管你的工作效能大幅提升。

番茄鐘工作法，乃**利用定時器來輔助「每工作25分鐘，休息5分鐘」**，**如此重複四個回合，最後一回合的工作結束後，則延長休息時間至15分鐘。**

透過這樣的方式來完成困難的工作，別忘了每次工作到一個階段休息時，都要給自己一個獎勵。

一般人很難集中精神超過1個小時，就算勉強做到了，大腦也會感到疲憊。所以，不如中間穿插適度的休息，這樣才能維持高度的專注力。

重複這樣的循環，你會發現：每次在按下定時器開關的瞬間，幹勁自然就湧上來了。我一直都這麼做，還經常覺得：「怎麼這麼快就25分鐘了!?」

To Do 工作25分鐘，休息5分鐘

5 腦袋放空，靈感才會出現

工作上，你是不是曾有過腸枯思竭的時候，不管怎麼想，腦筋就是轉不過來，陷入永無止境的思考迴圈裡？

這個時候，最好不要繼續想下去，而是相反的，什麼都不想，**讓自己「發呆一下」，這樣靈感才會出現喔**。

發呆恍神時，大腦竟然活潑20倍！

二〇〇一年，聖路易斯華盛頓大學的教授、認知神經科學的學者馬庫斯・賴希勒（Marcus E. Raichle）發現了一件事：當我們「發呆恍神」的時候，被稱為**「預**

設模式」（default mode network，**DMN**）的大腦活動仍活潑運作著。

這種大腦內的預設模式變得活躍時，大腦網絡的血流量會自然增加，以便運送更多的氧氣。於是，葡萄糖的消耗量增加了，腦的代謝活動變得更旺盛，大腦各區就此展開了連動。

研究指出，**人在發呆、恍神時大腦的活動狀態，消耗的能量是我們刻意用腦時的20倍！**換句話說，當我們發呆、什麼都不想的時候，大腦其實比平常更活潑地運轉著呢。

絕對不要把手機帶進浴室

腦袋放空的這個道理，跟**「淋浴效應」**很類似：**利用淋浴之類的放鬆時刻，反而容易想出好點子。**

最近，市面上出了很多防水手機和防水平板，很多人都會把手機、平板帶進浴室裡，一邊洗澡一邊追劇，白白浪費了靈感迸發的大好時機。所以，我絕對不會把手機或平板帶進浴室裡。

這種**放空時大腦啟動的預設模式，負責的活動功能有「自我認知」、「記憶」、「情報整合」等等**。它可以統整至今為止大腦庫所獲得的情報或思考片段，將其重新組合後，產生截然一新的點子。

好點子不會平白無故地產生，必須統合過去的經驗或知識才有辦法得到。因此，發個呆，讓腦袋放鬆一下，才是靈感產生的最佳狀態。

如果你思路不順、腦袋打結時，不妨試著什麼都不想，給大腦一些時間，讓它像拼拼圖一樣，把過去收集到的情報重新組合，說不定真的會有吉光片羽出現喔。

To Do 偶爾讓自己什麼都不想

6 創意是用「腳」走出來的

每當我缺乏靈感的時候，我都會告訴自己說：「去散個步吧！」然後獨自出門，開起了「個人會議」。

我這樣做並不是為了轉換心情，而是**為了「思考」而出去走走**。

天才都奉行的「步行思考法」

大家應該都有這樣的經驗，一群人坐在會議室裡腦力激盪，結果想出來的盡是負面的意見或認為做不到的理由：「如果A情況發生的話要怎麼辦？」、「這樣會不會麻煩太多人？」之類的。

就我個人的經驗，**走路時的大腦（思考）會比坐著時清楚，想事情的角度也會比較寬廣，思考方向也以「怎樣才能做到？」正面的思考居多。**

適度的「放鬆」，有助於解決日本人的「太過」認真。像是「作家會叼著菸寫作」或是「邊喝酒邊談生意」之類的，就是基於同樣的理由，對吧？

曾經「站著開會」流行過一陣子。那是因為站著時效率比較高，大家應該有聽說過吧？

事實上，一邊走路一邊跟自己開會，或是跟別人商量事情，確實有助於好點子的產生。當然，一群人一邊走一邊商量事情是有一點困難，所以，最好把人數控制在3人以內。這樣做是完全符合心理學原則的。

根據史丹佛大學瑪麗莉・奧佩佐（Marily Oppezzo）所做的研究：**一邊走路一邊思考，可以讓我們的創意大增。**

賈伯斯也喜歡散步！

瑪麗莉·奧佩佐請參加實驗的人「在4分鐘之內，盡量想出日用品的新用途」，一組讓他們坐著想，另一組則邊走邊想。

實驗結果出來了，坐著想的那組平均可以想出20個新用法。

但是，邊走邊想的那組，想出的點子是他們的兩倍之多。

然後，這個實驗再讓原本坐著想的人改成站著想，結果他們想出的點子也增加了快要一倍。

就像蘋果的創辦人賈伯斯所說的：「一邊走路一邊思考，就是在發明東西。」步行，讓思想能自由流動。

有趣的是，**在室內「使用跑步機走路」，居然也能達到像在戶外散步同樣的效果呢。**

To Do **腦袋打結了就出去走走**

史上被譽為天才的人，很多都是「步行思考法」的奉行者。

《雅典學院》是文藝復興藝術家拉斐爾所繪的名畫（濕壁畫）。畫面中間出現的，就是柏拉圖和亞里斯多德邊走邊談的樣子。

據說亞里斯多德本人真的很喜歡一邊走路，一邊想事情。

如果公司比較保守的話，可能會覺得到處找人串門子是「偷懶」的行為，要實踐所謂的「步行思考法」可能會有點困難。這個時候，不妨以轉換心情為藉口，找同事出去走走：「我們去便利商店買個東西怎樣？」也是個不錯的方法喔。

27 成功是會傳染的，失敗也會！

請問在你身邊，有沒有讓你崇拜的前輩或是可敬的對手？總之，能給你好的刺激的人都行。如果，圍繞在你身邊的盡是一些不思進取、缺乏幹勁、性格彆扭的人，久而久之，你的價值觀、行為，甚至發言，都會被潛移默化的受到影響。

我們所處的環境，確實會一點一滴地對我們的性格還有行為造成影響。

等我們發現的時候，我們可能已經變得跟我們討厭的人一樣了，這實在太可怕了，是不是？

「溫水煮青蛙」給我們的教訓

喜歡讀商業書籍的人，肯定都有聽過**「溫水煮青蛙法則」**。

把青蛙放入裝了冷水的鍋裡面，然後點火，讓水溫慢慢上升。一開始，青蛙覺得水溫溫的，還挺舒服的，可是等到牠有感覺時，水已經變得很燙，還來不及逃跑就被燙死了。

如果一開始水就很燙的話，青蛙肯定能察覺危險而及時逃跑，可是變化是慢慢產生的，牠沒察覺出來，這才活活被燙死了。

我從這個法則得到了兩個教訓，照理來說，溫水裡的青蛙應該有2次可以逃命的機會：

警訊①∵**環境變化**：水的溫度逐漸上升，牠的皮膚應該感覺得到才是。

警訊②∵**肉體變化**：青蛙的體溫上升了，牠應該會覺得頭昏腦脹才是。

一般人都可以理解第一個警訊，也就是環境變化對我們的影響，但其實這個故事說明了兩個道理：

注意①▸▸我們必須保持對**「環境變化」的敏感度**

注意②▸▸我們必須保持對**「自身變化」的敏感度**

①是一般人所理解的，②則是我個人的體悟。

人類會本能地去適應自己所處的環境，近朱者赤，也可能是同流合汙。

溫水裡的青蛙，讓自己的體溫上升好去適應水的溫度，最後牠終於承受不了，所以被燙死了。照理說，當青蛙的皮膚感覺到水溫的變化時，牠應該也會感覺到自己身體的變化才是。

「近朱者赤，近墨者黑。」為了適應環境，人的身體和心理都會做出反應。如果，你成天跟自己討厭的人在一起，可能也會發生相同的事。跟自己討厭的人一起工作，待在同一個職場，不知不覺中，你也會變得跟他一樣討厭。

一時之間，這個變化可能很小，或許小到你自己都察覺不出來，但是它確實一點一滴地正在發生。

你是一隻優秀的「變色龍」嗎？

無論好的壞的，人會不自覺地去適應環境。

心理學有所謂的**「變色龍效應」**，指的就是人會無意識地去模仿他人的口頭禪或動作、表情等等。

為了維繫人際關係的和諧，這是我們與生俱來的能力。

口頭禪或動作等這些外來的刺激，會對我們的心靈造成影響，影響的日子久了，甚至會波及到我們的人格，其危險性不容小覷。這就好像在透明的水裡一點一滴地放進顏料，等到你發現時，水已經完全變了顏色。

被自己討厭的人包圍著，我們也會不自覺受到他的影響，等我們察覺時，自己已經變得跟他一樣討厭了。

更何況，日本人最擅長的就是忍耐和看人臉色，這種人受到的影響只會更大。

不過，這種適應環境的本能也不是只有壞處。如果真覺得自己所處的環境很糟糕、很惡劣，那就想辦法跟自己喜歡、尊敬的人相處，積極地與他們來往，這樣你也能跟著進步。

說到改變自己，最直接了當的方法，就是「改變見面的人」與「談話的對象」。

不過，要約成功人士見面，可能需要一筆不小的花費，但買一本書當作是對自己的投資，應該花不了多少錢吧？

如果你身邊盡是一些讓你討厭的人，那你一定要找到「能幫你把自己矯正過來的對象」。

缺乏比較的對象，人很難察覺自己正在改變，或是否走偏了什麼。

你信仰的導師，聊得來的朋友，甚至偉人的傳記、電影都可以。

你一定要定期跟這些可以幫你把人生導正過來的人接觸，這樣你才不會

To Do　去跟能幫助自己成長的人見面

受到環境的汙染。

就算不小心染上了討厭鬼的顏色，只要多補充一點透明乾淨的水，我們還是可以找回原來的本色。

|本|章|重|點|整|理|

· Note 6 ·

高智能鍛鍊筆記

- 相信「自己可以」的自信，乃成功的原點
- 擺出「自信滿滿」的姿態，可以騙過大腦、消除緊張
- 最恰當的目標設定是「目前能力×2倍」
- 準備好「讓大腦開心的獎品」
- 分段工作，適度休息
- 放空大腦，反而會有好點子
- 創意是用腳走出來的
- 要改變自己，就改變「見面的人」和「談話的對象」

〔結語〕

你，絕對超乎自己的想像

有一種人，擁有無堅不摧的武器，一輩子都活得灑脫、帥氣，這正是我心目中的偶像。

他就像是電影「星際大戰」中的絕地武士。

絕地武士運用被稱為「原力」（force）的偉大力量，肩負起維持銀河界和平的外交任務。

我知道那是科幻電影，講的是科幻世界，但我心裡還是「想成為絕地武士」，希望能以「心理學」為武器，在社會上發光發熱。

據說人的理想、目標，受到國中之前的經驗影響非常之大，我應該也不例外。

我在國中的時候，一心只想成為一個「超能力者」。我上網搜尋修練的方法：比如說用意念逼出骰子的點數，把鉛筆立起來，再用念力擊倒它之類的，這些事我全做過。

當然，我始終沒能擁有超能力，但可見我對絕地武士的嚮往之心，對我自己的影響有多大。

絕地武士之所以擁有強大的原力，是因為他血液中的「迷地原蟲（Midi-chlorian）」數值比正常人高出許多。這數值是天生的，就好像門薩認為IQ是與生俱來的一樣。

的確，有一派說法，認為IQ是與生俱來的、無法改變的。但也有另一派說法，說IQ可以靠後天養成。

我個人比較支持後者。因為有報告指出，像我這種幼年住在美國，能說好幾種語言，又做過運動員訓練的人，通常IQ都會比較高。

姑且不論學術報告什麼的，光是想到IQ可以靠後天努力培養而成，是不是就讓人興奮了？只要相信自己的能力，就可以無止境地提高自己的IQ，簡直就像做夢一樣。因此，不管是誰，都該好好提升自己的思考能力才對。

「大腦革命」曾盛行過好幾次，可見大家真的很想要提升自己的能力。這可能也是基於所謂的「自我認同欲求」吧？

IQ有一部分或許是天生的、與生俱來的，但暴殄天物的亦大有人在。

我不會讀書，學業成績也只是中等。但是，出社會後，我發現自己喜歡解決問題，於是想辦法取得百大企業的內定，積極培養新技能，能力也比同輩高出許多。

如果我一開始沒掌握好人生的方向，可能就會像一般人一樣，碌碌無為地過一生吧？

前面已經說過，不只是IQ，我們的才能就像原石一樣。不管是誰都擁有這樣的原石。你是要抱著它，就此庸庸碌碌過一生？還是打磨它，讓它變成寶石、鑽石，在世上發光發熱呢？

我超喜歡寶礦力的廣告詞：「你，絕對超乎自己的想像。」

我們要相信潛藏在自己體內的可能性，努力地去喚醒它，讓擁有潛力的原石變成閃閃發光的鑽石。

學業成績好不代表資優，IQ高也不一定是天才。努力發揮自己潛能的人，才是真正的贏家。

就像愛迪生所說的：「天才是一分的天分，加上九十九分的努力。」

就算天生不是天才，只要努力發揮自己存在的價值，任誰都可以成為贏家。

當然，一個人的能力有限，若想要在人生創造更大的價值，就必須有更多人的幫忙才行。

這時，本書所寫的「操控人心的技巧」就派上用場了。

莫忘「原力」，你生命的鑽石！
衷心希望這本書能到更多人手上，對大家的人生有所助益。

二〇一九年一〇月 山本昌哉

〔後記〕

延伸學習：這次你不只撿到一把槍，而是整組武器

不只IQ，人生還有很多「Q」等你開啟

Q×10成功人生練習題

除了精進智商（IQ），讀者務必要學習「應用」智商的能力，使智商這種知識性的物質變得具有能量價值，使自己從「高智商」進化成「高智能」的人。要注意的是，「智商」只是人類潛能中的一環，即使加上純熟高超的應用能力，輔以心理學技巧的加持，我們還需要更多方面的能力，才能妥善處理人生中各種事務與情感。在書末為讀者整理出「人生最重要的10大武器」，這10種潛能環環相扣，重要

性不容小覷。有興趣的讀者不妨再深入了解，後續多加練習，一定會發現自己原來具有驚人的能力。

人生擁有無限可能，就從了解這10大智能商數開始吧。

首先，複習一下本書所說的「智商」：

IQ智商（Intelligence Quotient）

智力商數，指的是一個人智力的高低值，反映人對知識的掌握程度，包括思維、觀察、記憶、想像、創造、分析問題和解決問題的能力，通常與先天遺傳因素、後天生活環境都有關係。

所謂的「智力標準」是同年齡的人相比較，通常

【智商概算公式】

$$IQ=\frac{MA}{CA}\times 100$$

IQ＝智商

MA＝智力年齡

CA＝實際年齡

一般人的平均智商定為100，以正負15%為範圍，即85~115之間。

【智商超齡舉例】

假設一位「實際年齡為5歲」的兒童做智力測驗，答對題數等於6歲兒童平均答對的題數，經數次測試檢證，認定這位兒童智力已達「6歲兒童的平均智商分數」，即該兒童的「智力年齡即為6歲」，套入公式計算其智商指數為120。

計算公式：

$$IQ=\frac{6}{5}\times100=120$$

智商分數／評定結果（僅供參考）	
145以上	天才
130~144	極優秀
115~129	優秀
100~114	中上
85~99	中下
70~84	臨界
50~69	弱智

以下9大智能同為人生的重要能力，從說明中想想自己是否哪些方面特別突出！這些潛能類型，分別為各國著名的科學家、心理學家、醫學等各領域專家所研究提

出，無論是拆開來用或是聯合起來，都是人生必備的利器！讀者在初步了解後，不妨自行加強學習，必能使你的人際關係、事業成就更邁向顛峰！

8 EQ情商（Emotional Quotient）

情緒商數，是自我情緒控制能力的指數，由美國心理學家彼德．薩洛維（Peter Salovey）所提出，這種商數包括了快樂、興奮、焦慮、急躁、恐懼、憤怒等一些情緒反應的程度與控制。尤其現代人們生活節奏快、工作負荷大、人際關係複雜，如果沒有較高的EQ是很難獲得成功的，甚至還會引發許多身心疾病。相對來說，所謂EQ高的人，除了身心狀態可能比較健康，人緣也會比較好，大家都喜歡和他來往，因此能得到較多的擁護和支持，進而獲得更多的成功機會。情緒控制的能力，對於企業管理、業務合作、學校教育、親子關係、人際情感都十分重要。

AQ逆商（Adversity Quotient）

逆境商數，也稱為挫折商數或厄運商數，主要指的是人在面對逆境時的反應，包括接納度、忍耐力、突破性，也就是如何面對挫折、化解問題、適應壓力、超越困境的能力。加拿大咨詢專家保羅．史托茲（Paul Stoltz）博士曾提出逆商的概念，指出人生沒有永遠的失敗，是否能冷靜地將險峻的局勢轉化為有利的條件，這種能力十分重要。面對逆境，有的人屢仆屢起，有的人略作嘗試就放棄，有的人直接陷入恐懼或逃離，不同的逆商態度會導致不同的結果。逆商高的人，總是有辦法把別人眼中的厄運視為絕佳機會，創造出絕處逢生的奇蹟。

FQ財商（Financial Quotient）

財務商數，是指人對金錢的認知，以及駕馭財富的能力，也就是所謂投資理財的智慧。財務等同於人存活在經濟社會中的生存能力，「錢」的問題在人生中太重要了，是一門必修功課，但正規教育上始終缺乏這一塊。房地產與投資專家羅伯特．T．清崎《富爸爸，窮爸爸》一書，提出了財商的概念，有專家也建議從孩童開始，就應重視金錢觀念。在實際生活中，有些人就是能越來越富有，有些人智商高、學歷高、勤奮又努力，卻未必有理想的財務狀況，甚至還有些人負債纍纍，差別就在於個人的「財商」高低不同。

MQ德商（Moral Quotient）

道德商數，是指一個人的人格與品德，包括誠實、正直、負責、忠心、尊重、寬恕、平和、禮貌等各種美德。道德商數的一大特色，是對於「對」與「錯」有所區分，提醒人們避免做錯事。現實中有許多實例，很多人做人、做事失敗，不是能力不足，而是道德缺失。美國學者道格．萊尼克（Doug Lennick）和弗雷德．基爾（Fred Kiel）在著作中，把德商定義為做人做事不可偏頗的基本價值中心，尤其企業用人，道德操守的審核更勝於能力和資歷。無論是企業、官場或個人，絕不可犯下「道德弱智」的醜聞，否則後果會比「一時的失敗」更慘烈，甚至因信用破產從此無法翻身。

8 DQ膽商（Daring Quotient）

膽識商數，指的是一個人的膽量、勇氣、競爭、冒險、挑戰的精神，這種有膽試、有魄力的人，絕非匹夫之勇、莽夫蠻幹，而是結合「智商、情商、逆商、德商」等綜合智能，才能夠臨危不亂，必要時敢於力排眾議，把握住機會果斷決策，冒著評估過的風險而得勝，更重要的是，無論成敗，他都會一肩扛起勇於承擔。若說「有勇無謀」無法成事，那「有謀無勇」的人同樣缺臨門一腳，因此，無論是政客、商人、軍事家，即使是愛情的追求，都必須具有絕佳的膽識和魄力，若沒有挑戰的勇氣、承擔風險的膽量，只憑著高智商，遇到問題也只會縮手縮腳，永遠也成不了氣候。

MQ心商（Mental Quotient）

心理商數（MQ）和情緒商數（EQ）為不同的層面，心商比較是個人心理的本質和素養，以心理健康為方針，像是一個人如何緩解心理壓力、保持良好的心理狀況和正向意念等能力。心靈商數的高低，幾乎等同於你所感受到的人生苦樂，心理商數低的人容易抑鬱不歡，負面思考；而心理商數高的人，則具有樂觀的人生觀，做事比較積極。影響心商的主要因素，與個人的認知、思維、性格有很大的關係，多做正念練習、擴展視野、建立友善的人際關係，都有助於提升心理商數，也比較能使自己保持積極心態，避免逃避、抑鬱等自我負評的問題產生。

HQ健商（Health Quotient）

健康商數，是指一個人所具有的健康態度、健康意識、健康知識、使自己健康的能力與信心，當然，確實表現出有益健康的行為也很重要。世界衛生組織針對生理與心理制定了衡量健康的標準，例如：「心理標準」包括樂觀積極、精力充沛、緊張和勞累感指數、睡眠品質、對各種變化的適應力等；「生理標準」包括抵抗力、體重、體態、肌肉、動作反應、皮膚、頭髮、眼睛、牙齒等觀測指標。其實，健商的影響因素除了身心為基底，另外，智商（IQ）、情商（EQ）與心商（MQ）也會對健康造成影響。一個人的健康品質，基本上要顧及許多要素，像是獲取健康知識、自我照顧正確、生活方式良好、具備各項生活能力等等，影響因子很廣，可說是各種商數的綜合結果。

WQ志商（Will Quotient）

意志商數，可說是志氣與韌性的總和表現，指的是一個人的意志力是否堅強，包括幾種特徵：理想性、果斷性、堅韌性、自制力、自覺性等，除了敢作夢、勇於設立目標，還要能為了達到目的，可以沉著鎮定、相信自己、忍受困難與枯燥、控制情緒與惰性，自願且熱情的追求整體、長遠的目標。根據美國心理學家長年的分組追蹤發現：同樣評定為高智商的孩子，經過數十年後，成就比較高的那些人，在進取心、自信心、忍耐力、拚搏心、堅持度等意志方面的表現，都明顯高於其他人。就像龜兔賽跑，意志力與企圖心一體兩面，「智商」一定要搭配「志商」，才能實現理想，有所成就。

SQ靈商（Spiritual Quotient）

靈感商數，是一種有關心靈的潛能，或稱靈性，指人對事物本質所具有的靈感、頓悟、直覺、想像等能力，屬於潛意識的能量。許多科學家、發明家、藝術家最終得到突破性的發展，驚艷世人，除了智力與努力，臨門一腳其實都是出於靈商閃現。企業心靈改造與管理專家達納．佐哈（Danah Zohar）夫婦曾提出此概念，世界潛能大師博恩．崔西（Brian Tracy）也曾說：「『潛意識』的力量比『顯意識』要大三萬倍。」然而，人往往沒有意識到：自己擁有並且經常在使用這個巨大的力量。成功並非單純為理性的產物，能急中生智、創意超凡、領先趨勢、見人所未見的人，都是屬於靈商較高的人。

以上10種人生重要的智能商數，最常被大家討論的就是智商（IQ）、情商（EQ）、逆商（AQ），這三者可稱為人生必備的3Q。有專家這麼認為：

100%的成功＝20%的IQ＋80%的EQ和AQ。

如果你想開始鍛鍊自己的智能，可以先從這3Q來著手加強，然後再慢慢擴展至其他7項智能。

你的成功，不一定和上述這個方程式相同。**每個人的成功模式不會一樣，每個人的潛能，也都有不同的突破機會。**不妨估量一下自己，在各項能力商數中，你想先專攻哪幾種商數，你覺得自己的優勢是哪幾個項目？然後逐一擴展、鍛鍊、升級你的武器！

人生充滿挑戰，每個人潛力無限，試著寫出屬於你自己的成功方程式吧！

職場方舟ACA0012

智商前 2%的天才都在使用、「OK」「YES」點頭率超高
最強「人心」操控心理學

作　　者　山本昌哉
譯　　者　婁美蓮
特約主編　唐芩
行銷經理　王思婕
總 編 輯　林淑雯
出 版 者　方舟文化 / 遠足文化事業有限公司
發　　行　遠足文化事業股份有限公司（讀書共和國出版集團）
231 台北縣新店市民權路 108-2 號 9 樓
電　　話　（02）2218-1417
傳　　真　（02）8667-1851
劃撥帳號　19504465　戶名 遠足文化事業有限公司
客服專線　0800-221-029　E-MAIL service@bookrep.com.tw
網　　站　www.bookrep.com.tw

法律顧問　華洋法律事務所 蘇文生律師
定　　價　360 元
初版一刷　2020 年 8 月
初版六刷　2024 年 2 月

Original Japanese title: TOP 2% NO TENSAI GA TSUKATTE IRU "HITO WO AYATSURU" SAIKYOU NO SHINRI JUTSU

Original Japanese edition published by KAWADE SHOBO SHINSHA Ltd. Publishers
Traditional Chinese translation rights arranged with KAWADE SHOBO SHINSHA Ltd. Publishers through The English Agency (Japan) Ltd. and AMANN CO., LTD., Taipei

國家圖書館出版品預行編目（CIP）資料

智商前2%的天才都在使用、「OK」「YES」點頭率超高：最強「人心」操控心理學 / 山本昌哉著；婁美蓮譯. -- 初版. -- 新北市：方舟文化出版：遠足文化發行，2020.08
面；　公分
ISBN 978-986-98819-3-7（平裝）

1.人際關係　2.傳播心理學　3.溝通技巧

177.3　　　　109003838